FALTPLAN

»Schreiben Sie uns!

Wir hoffen, dass Ihnen dieser Reiseführer gefällt und er Ihnen ein guter Begleiter auf einer außergewöhnlichen und spannenden Reise ist.

Weil ein Reiseführer von Erfahrungen lebt, sind wir an Ihren Erlebnissen interessiert: Haben Sie im Buch ein Restaurant entdeckt, das es nicht mehr gibt, eine Sehenswürdigkeit, die wir noch nicht aufgeführt haben, oder eine falsche Adresse? Dann schreiben Sie uns!

Wir nehmen jeden Hinweis und jede Kritik ernst und arbeiten kontinuierlich daran, die Bücher aktuell zu halten und immer weiter zu verbessern. Auch wenn wir nicht jeden Wunsch erfüllen können, machen wir uns immer Gedanken über Ihre Anmerkungen.

Schreiben Sie an: info@reise-know-how.de oder Reise Know-How Verlag Peter Rump GmbH, Postfach 140666, 33626 Bielefeld

Wenn sich Ihre Infos direkt auf das Buch beziehen, bitten wir um die Angabe der Seitenzahl und der Auflagennummer bzw. des Erscheinungsjahres. Besonders hilfreiche Beiträge belohnen wir mit einem Sprachführer Ihrer Wahl aus unserer „Kauderwelsch"-Reihe.

Herzlichen Dank und gute Reisen
Ihr Reise Know-How Verlag

Diesem Buch wurde hier ein herausnehmbarer Faltplan beigefügt.
Sollte er beim Erwerb des Buches nicht mehr vorhanden sein, fragen Sie bitte bei Ihrem Buchhändler nach.

Liebe Leserin, lieber Leser,

ein unabhängiger Verlag für unabhängig Reisende – das sind wir, der Reise Know-How Verlag aus Bielefeld, eines der letzten Familienunternehmen in der Branche. Obwohl wir zu den größten Reiseführerverlagen Deutschlands gehören, ist der familiäre Umgang miteinander in allen Bereichen des Verlagslebens zu spüren: In der Geschäftsführung in zweiter Generation, in einer wertschätzenden Arbeitsatmosphäre, in der Nähe zu unseren frei arbeitenden Autorinnen und Autoren, im engen Austausch mit unseren Leserinnen und Lesern – und auch in der Zusammenarbeit mit Druckereien in Deutschland, in denen wir ausschließlich und regional unsere Bücher produzieren. Die sollen schließlich erst mit Ihnen auf große Reise gehen.

Alles, was wir in unsere Bücher und Landkarten stecken, soll Ihnen eines ermöglichen: Auf Ihre ganz eigene, individuelle Weise die Welt zu entdecken. Wir wünschen Ihnen viel Freude und unvergessliche Erlebnisse mit diesem Reiseführer.

Es grüßen herzlich
Peter Rump & Wayan Rump

Einzigartige Metropole, berühmter Traumstrand

Auf gehts: Auszeit nehmen und Havannas koloniale Pracht erleben und genießen! Sonnenanbeter, Partypeople, Oldtimer-Fans, Studienreisende – alle kommen auf ihre Kosten. Wer eine Pause von den alle Sinne fordernden Eindrücken braucht, findet Erholung an Varaderos zwei Autostunden entfernten, endlosen Badestränden.

Dabei ist eine Individualreise nach Kuba zuletzt noch ein wenig abenteuerlicher geworden als ein selbst organisierter Aufenthalt sowieso schon immer war. Anstelle eines „klassischen" Reiseführer-Vorworts hier daher wichtige aktuelle Hinweise insbesondere für Individualreisende:

Kuba hat eine 2021 durchgeführte **Währungsreform** hinter sich und steckt im Frühjahr 2024 weiterhin in einer massiven **Wirtschaftskrise** mit hoher Inflation, Warenknappheit und anderem die Bevölkerung plagenden Ungemach. **Wichtigster Tipp:** Bargeld (Euro!) ist oft das Zahlungsmittel der Wahl. Einzelheiten dazu im Abschnitt „Geldfragen" auf S. 113.

Die Wirtschafts- und Versorgungskrise ist auch einer der Hauptgründe für die Schwierigkeit, derzeit Angaben zu **Öffnungszeiten und Eintrittspreisen** zu machen, die für längere Zeit Bestand haben. Von häufigen Änderungen betroffen sind dabei selbst herausragende Museen und andere Sehenswürdigkeiten in den touristischen Hotspots Havanna und Varadero. In der aktuellen Auflage dieses CityTrips findet sich daher lediglich die Unterscheidung kostenfreier/kostenpflichtiger Eintritt. Mehr zum Thema Öffnungszeiten auf S. 52 und S. 125.

Auch noch wichtig: Wer auf der Reise fleißig Apps nutzen möchte und auf digitale Annehmlichkeiten wie z. B. Online-Bezahldienste und Streaming nicht verzichten möchte, wird um die Einrichtung eines **VPN** (Virtual Private Network) nicht herumkommen. Für Details siehe S. 107.

Der Autor

Jens Sobisch erblickte 1977 das Licht der Welt und 19 Jahre später Kuba. In den seither vergangenen Jahrzehnten durfte der gebürtige Franke in allen Provinzen dieses faszinierenden Archipels die legendäre Lebensfreude und das sprichwörtliche Improvisationstalent der Kubaner kennen- und schätzen lernen.

Mit dem „KulturSchock Cuba", dem Sprachführer „Cuba Slang – das andere Spanisch" und dem vorliegenden CityTrip verantwortet er drei Kuba-Titel des Reise Know-How Verlages, außerdem die Stadtführer „CityTrip Mailand" und „CityTrip Würzburg".

Jens Sobischs persönliches Resümee nach über einem Vierteljahrhundert Kuba-Erfahrung (im wahrsten Sinne): „Nirgendwo sonst kann man sich so wunderbar treiben lassen wie in Havanna, der an Widersprüchen so reichen Königin der Antillen."

120hv-js

Havanna auf einen Blick

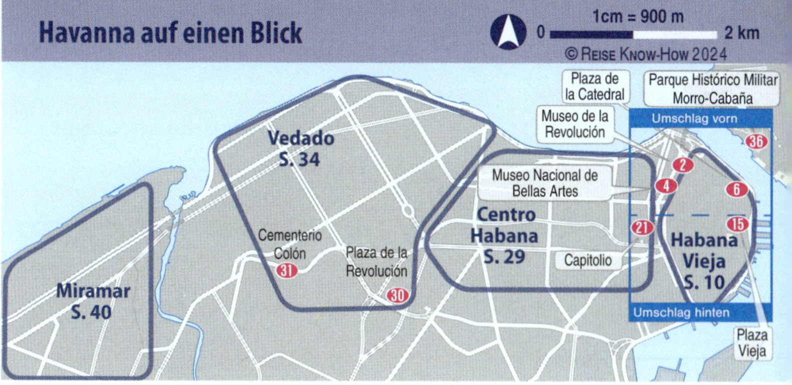

Cleveres Nummernsystem

Die Sehenswürdigkeiten sind im Text und im Kartenmaterial mit derselben **magentafarbenen ovalen Nummer** ❶ markiert. Alle anderen Lokalitäten wie Geschäfte, Restaurants usw. tragen ein **Symbol und eine fortlaufende rote Nummer** (1). Die Liste aller Orte und die Zeichenerklärung befinden sich im Anhang.

Bewertung der Sehenswürdigkeiten

★★★ nicht verpassen
★★ besonders sehenswert
★ wichtig für speziell interessierte Besucher

Planquadrat im Kartenmaterial

[A1] Orte ohne diese Angabe liegen außerhalb unserer Karten. Ihre Lage kann aber wie die aller Ortsmarken mithilfe der begleitenden Web-App angezeigt werden (s. Anhang).

Vorwahlen

Infos zu Havannas bzw. Kubas Vorwahlen finden sich auf S. 128.

Straßennamen
Eine Liste alter und neuer **Straßennamen** und Infos zu Besonderheiten bei **Adressangaben** finden sich auf Seite 152.

Updates zum Buch
www.reise-know-how.de/citytrip/havanna24

Typisch Havanna: automobile Schätzchen im Stadtzentrum

NICHT VERPASSEN!

2 Museo de la Revolución [B2]
Der imposante Präsidentenpalast wurde von Castro und Co. in eine Gedenkstätte für die kubanische Revolution von 1959 umfunktioniert (s. S. 12).

4 Museo Nacional de Bellas Artes [B3]
Großartige Werke kubanischer und europäischer Künstler sind auf zwei Gebäude verteilt (s. S. 13).

6 Plaza de la Catedral [C3]
Die Kathedrale schaut auf ein Ensemble liebevoll renovierter Bauten aus der Kolonialzeit (s. S. 15).

15 Plaza Vieja [C4]
Den Blick über den weitläufigen Platz und die angrenzenden pastellfarbenen Fassaden genießt man am besten mit einem Cocktail in der Hand (s. S. 24).

21 Capitolio [A4]
Im 1929 eingeweihten Capitolio Nacional sind heute u. a. die Akademie der Wissenschaften und Teile der Nationalbibliothek untergebracht (s. S. 29).

30 Plaza de la Revolución [em]
Auf dem riesigen Revolutionsplatz schaut man wegen seiner historischen Bedeutung und wegen des imposanten Monumento José Martí vorbei (s. S. 36).

31 Cementerio Colón [dm]
Havannas Totenstadt der Superlative mit Grabdenkmälern aller möglichen und unmöglichen Art nimmt fast 60 Hektar Fläche ein (s. S. 39).

36 Parque Histórico Militar Morro-Cabaña [C1]
An der Nordseite des natürlichen Hafenkanals bilden die beiden auf einer Anhöhe gelegenen wuchtigen Militäranlagen den größten historischen Verteidigungskomplex Lateinamerikas (s. S. 42).

Varadero [S. 96/98]
Zwei Autostunden östlich von Havanna lockt Kubas bekanntester Badeort mit schier endlosen Sandstränden (s. S. 92).

HAVANNA ENTDECKEN

071hv Abb.: js

Havanna an einem Tag

Wer sich für die Besichtigung Havannas nur einen Tag Zeit nehmen kann oder will, dem empfehle ich, sich in der Umgebung des Capitolio 21 ein **Oldtimer-Taxi** mitsamt Chauffeur zu mieten (s. S. 139) und einige der auf Seite 1 ausgewiesenen Top-Sehenswürdigkeiten anzusteuern. Den Gesamtfahrpreis dabei unbedingt vor Fahrtantritt vereinbaren und bei gutem Service am Ende der Tour etwas aufstocken!

Alternativ – oder je nach persönlichem Zeitbudget und Interesse zusätzlich – bietet sich ein Bummel durch das Herz von Havannas Altstadt an, z. B. von der Plaza de Armas 8 die Calle Obispo 10 hinauf zum Parque Central 19. Ausklingen könnte der Tag dann bei einem Drink in der zum Hotel Inglaterra gehörenden Freiluft-Bar Café Louvre (s. S. 67) oder auf der herrlich restaurierten Plaza Vieja 15, dort am besten im Außenbereich der Factoría La Muralla (s. S. 59).

Kurztrip nach Havanna

Hat man drei Tage Zeit, um Havanna kennenzulernen, so könnte ein Tag auf die Erkundung der Altstadt (Habana Vieja) verwendet werden (s. S. 10), der zweite Tag dann für einige die persönlichen Vorlieben ansprechende Sehenswürdigkeiten in den Stadtteilen Centro, Vedado sowie Miramar und der dritte Tag für einen Ausflug an die Playas del Este 43 und/oder zum Parque Histórico Militar Morro-Cabaña 36 auf der anderen Seite der Hafenbucht und/oder zu Ernest Hemingways Finca Vigía 40 im südlichen Vorort San Francisco de Paula.

Mindestens einen Abend reserviert man für eine **große Show**, z. B. im weltberühmten Tropicana (s. S. 68), im Gran Teatro de La Habana Alicia Alonso 23 oder im Cabaret Parisién (s. S. 68, im Hotel Nacional).

Stadtspaziergang

Die Route eines mehrstündigen **Rundgangs durch Habana Vieja** könnte die vier großen historischen Plätze der Stadt und den Parque Central 19 einschließen:

Der Bummel startet an der **Plaza de la Catedral** 6, die gesäumt ist von sehenswerten, vornehmen Gebäuden der Kolonialzeit, und führt zunächst einige Schritte ostwärts zur Kreuzung der Straßen (Calles) Empedrado und Tacón. Der Calle Tacón Richtung Süden folgend passiert man linker Hand das mächtige, schwer zu übersehende Castillo de la Real Fuerza 9, bevor die geschichtsträchtige, viel koloniales Flair verströmende **Plaza de Armas** 8 erreicht wird.

An deren Südseite beginnt die von zahlreichen schönen Fassaden gesäumte Calle Oficios 11. Nach knapp 200 Metern öffnet sich an der Ecke

Mein Tipp

Neun literarische Spaziergänge

Roman Rhode, **Havanna – Ein Reisebegleiter,** Insel Verlag 2010. Auf den Spuren berühmter Schriftsteller durch Kubas Hauptstadt.

Vorseite: Straße im Stadtteil Centro Habana

zur Calle Amargura die **Plaza de San Francisco** ⓬, die vom jahrhundertealten Kirchenkomplex Iglesia y Convento de San Francisco de Asís dominiert wird. Wer im weiteren Verlauf der Calle Oficios die Bronzestatue des legendären Clochards „Caballero de Paris“ passiert und nach 50 Metern in die Calle Brasil (Teniente Rey) abbiegt, trifft auf die nur einen Häuserblock entfernte, hervorragend restaurierte **Plaza Vieja** ⓯. Hier laden gleich mehrere Lokale zu einer ersten Rast ein. An der Nordostecke ist im höchsten Gebäude der näheren Umgebung eine Cámara Oscura untergebracht, die mithilfe eines 360-Grad-Teleskops alle wichtigen Gebäude der Altstadt Havannas auf die Leinwand überträgt (s. S. 24).

Ab derselben Ecke der Calle Mercaderes ⓭ nordwärts folgend gelangt man nach vier Straßenblöcken zur

KURZ & KNAPP

Hemingways Havanna

Wer alle geschickt vermarkteten Tummelplätze Ernest Hemingways besuchen möchte, benötigt einen ganzen Tag und ein Fahrzeug.

- **Dos Hermanos** (Bar, s. S. 66)
- **El Floridita** (Bar-Restaurant, s. S. 66)
- **Finca Vigía** 40 (Hemingways Anwesen)
- **Hotel Ambos Mundos** (s. S. 132)
- **La Bodeguita del Medio** (Bar-Restaurant, s. S. 66)
- **Sloppy Joe's** (Bar, s. S. 67)
- **Cojímar** (östlicher Vorort, von dem aus der berühmte Schriftsteller zum Fischen in See stach)
- Die **Marina Hemingway**, ein Jachthafen im Westen Havannas (Ecke Avenida 5ta und Calle 248), muss man nicht unbedingt gesehen haben.

Routenverlauf im Stadtplan

Der hier beschriebene Spaziergang ist mit einer grünen Linie im Stadtplan eingezeichnet.

Calle Obispo ❿, der in Ost-West-Richtung verlaufenden Hauptschlagader Habana Viejas. Am westlichen Ende dieses berühmten Touristenkorridors prunkt der **Parque Central** ⓳ mit einem Denkmal das nationalen Befreiungshelden José Martí (s. S. 37) in Überlebensgröße. Umgeben von vier der berühmtesten Hotels der Stadt sowie dem Gran Teatro de La Habana Alicia Alonso ㉓ und in Sichtweite des Capitolio ㉑ endet hier auch die Flaniermeile Prado (Paseo de Martí) ⓴. Wer zwischen den beiden an seinem Südende wachenden Bronzelöwen hindurchschreitet, erreicht im Schatten uralter Bäume nach einem knappen Kilometer in nördlicher Richtung das Castillo de San Salvador de la Punta ❶ und die dort beginnende Uferpromenade Malecón ㉕. Am Leuchtturm des Parque Histórico Militar Morro-Cabaña ㊱ vorbei verliert sich der Blick des Spaziergängers in den Weiten des Atlantiks.

Wer auf dem kürzesten Weg an den Ausgangspunkt des Spaziergangs zurückkehren möchte, verlässt den Prado (Paseo de Martí ⓴) bereits nach zwei Blocks, um rechts in die Calle Ánimas [A3] einzubiegen. Die Rückseite des Museo Nacional de Bellas Artes (Arte Cubano) ❹ passierend, wird das Ostende der Calle Empedrado [C3] erreicht. Auf dem Weg zur Plaza de la Catedral bestaunt man rechter Hand zunächst den relativ kargen Parque Cervantes und dann den Touristenauflauf vor der Bodeguita del Medio (s. S. 66).

Habana Vieja

Havannas kompaktes historisches Zentrum gleicht einem riesigen lebenden Museum und wurde als größte koloniale Altstadt Lateinamerikas bereits 1982 von der UNESCO zum Weltkulturerbe erklärt. Hier befinden sich die meisten Sehenswürdigkeiten, alles ist bequem zu Fuß erreichbar und die Atmosphäre kommt den gängigen Havanna-Klischees am nächsten.

Für gewöhnlich wird Habana Vieja als der Teil der Stadt definiert, der in der Kolonialzeit *intramuros*, d.h. innerhalb der heute nicht mehr existierenden **Stadtmauer**, lag. Landeinwärts verlief diese entlang der heutigen Straßen Egido, Avenida de Bélgica (Monserrate) und Avenida de las Misiones und umfasste ein ovales Gebiet von etwa vier Quadratkilometern Fläche. Nach der aktuellen administrativen Einteilung reicht die Altstadt bis zum Paseo de Martí (Prado 20), schließt also den Parque Central 19 noch mit ein.

Besonders viele Bauwerke von touristischem Interesse liegen an den **vier großen Plazas** bzw. in deren unmittelbarer Nähe. Von Nord nach Süd sind dies die Plaza de la Catedral 6, die Plaza de Armas 8, die Plaza de San Francisco 12 und die Plaza Vieja 15. Für die Besucher aus aller Welt besonders herausgeputzt wurden die Straßenzüge der Calles Obispo 10, Oficios 11 und Mercaderes 13 sowie Teile der unmittelbar angrenzenden Gebiete. Insbesondere die Calle Obispo (wörtlich: Bischofsstraße) fehlt in keinem Besichtigungsprogramm.

Unabhängigkeitsheld Máximo Gómez als Reiter in Bronze

1 Castillo y Museo de San Salvador de la Punta ★ [B1]

Der spanische König Philipp II. ließ diese wuchtige Festungsanlage ab 1589 am Westufer der Hafeneinfahrt und direkt gegenüber dem Castillo de los Tres Reyes del Morro 37 errichten, um feindliche Schiffe ins Kreuzfeuer nehmen zu können.

Hauptverantwortlicher Militäringenieur war der Italiener Battista (auch: Bautista) Antonelli (1547–1616), der sich auch bei der Planung und Konstruktion der Morro-Festung 37 und vieler anderer Festungsanlagen in den spanischen Kolonien verdient machte. Fertiggestellt war „La Punta“ um 1610.

Zwischen den beiden Bollwerken wurde ab 1630 allabendlich eine 250 Meter lange Kette aus schwimmenden Holz- und Bronzeringen gespannt, um den Hafen zu blockieren. Die drei Kanonen, an denen die Kette befestigt war, stehen noch heute auf dem Platz vor dem Castillo.

Vom Vorplatz schweift der Blick den Malecón 25 entlang und hinüber zum Leuchtturm „El Morro“.

Die Festung selbst beherbergt heute das **Museo de San Salvador de la Punta.** Die im „Sala de Tesoro“ (der Schatzkammer) gezeigten Schätze umfassen zahlreiche aus Gold, Silber und Juwelen gefertigte Preziosen. Viele der Exponate wurden von Tauchern der staatlichen Meeresarchäologie-Organisation Carisub vom Meeresboden zurück ans Tageslicht befördert. Ein Nebensaal des Museums zeigt Seeuniformen, Modellschiffe, Kanonen und andere Waffen aus drei Jahrhunderten.

› Avenida del Puerto, Ecke Paseo de Martí (Prado), mit Eintritt, geöffnet: tägl. 9–18 Uhr

Monumento al General Máximo Gómez und zwei kleine Parks

Die Parkfläche südlich des Castillo de San Salvador de la Punta 1 wird durch die Avenida de los Estudiantes (Cárcel) in zwei Abschnitte geteilt: Der **Parque de los Enamorados** (Park der Verliebten) wird von einer ein indigenes Paar darstellenden Statue und dem **Monumento de Estudiantes de Medicina** dominiert. Letzteres besteht aus einem kleinen griechischen Tempel, der die Reste einer von spanischen Erschießungskommandos genutzten Mauer umgibt. Das Monument erinnert an die Exekution von acht unschuldigen Medizinstudenten durch königstreue Truppen am 27. November 1871.

Der **Parque de Mártires** (Park der Märtyrer) liegt auf dem **Gelände des ehemaligen Tacón-Gefängnisses,** einem 1838 errichteten und 1939 zerstörten Symbol der Unterdrückung durch die spanischen Kolonialherren. Prominentester Gefangener war Nationalheld **José Martí,** der 1869 bis 1870 hier einsaß und bis zu seinem Tode 1885 unter den gesundheitlichen Folgen der miserablen Haftbedingungen leiden sollte. Zwei Zellen und die Gefängniskapelle blieben zum Gedenken an die zahllosen malträtierten Gefangenen für die Nachwelt erhalten.

Gleich nebenan erhebt sich unübersehbar das von dem Italiener Aldo Gamba (1881–1944) entworfene **Monumento al General Máximo Gómez.** Das 1935 gefertigte bronzene **Reiterstandbild** ehrt mit dem aus der Dominikanischen Republik gebürtigen General Máximo Gómez (1836–1905) einen besonders herausragenden Helden des kubanischen Unabhängigkeitskampfes. Der aus weißem Marmor gefertigte Sockel setzt sich aus mehreren, unter anderem mit Säulen und Reliefs versehenen Ebenen zusammen.

021hv Abb.: js

2 Museo de la Revolución ★★★ [B2]

Das Museo de la Revolución im einstigen Präsidentenpalast unterzubringen, hatte auch symbolischen Charakter. In den Räumen des Präsidentenpalastes vermitteln auf drei Stockwerke verteilte Ausstellungen einen Überblick über die Geschichte des nationalen Befreiungskampfes von den Unabhängigkeitskriegen gegen die Spanier bis zum Sieg der kubanischen Revolution unter Fidel Castro.

Das 1913 begonnene und 1920 eingeweihte Gebäude wurde von Tiffany in New York dekoriert und enthält Werke bedeutender kubanischer Dekorateure des frühen 20. Jhs. Gestalterische Highlights besonderer Güte sind die Innenansicht der markanten Kuppel und der Audienzsaal **„Salón de Espejos"** (Spiegelsaal), eine Nachbildung des berühmten Spiegelsaals zu Versailles. In dem Marmor der monumentalen Haupttreppe zum ersten Stock sind noch immer die Einschusslöcher der Attacke des 13. März 1957 zu sehen, als Studenten versuchten, Diktator Fulgencio Batista zu ermorden. Von der Terrasse schweift der Blick über die Hafenbucht.

Im zweiten Stock erhält man einen Überblick über kubanische Aufstände von der Kolonialzeit bis zur Revolution. Die **lebensgroßen Wachsfiguren** von Che Guevara und Camilo Cienfuegos zeigen die beiden charismatischen Nationalhelden in voller Kampfmontur. Die ältesten Fotos und Exponate sind im dritten Stock ausgestellt.

› Refugio No. 1 e/Agramonte y Avenida de las Misiones, geöffnet: tägl. 10–16 Uhr (Einlass bis 15.15 Uhr), Tel. 78624098, 78671165, mit Eintritt, **derzeit (Anfang 2024) vorübergehend geschlossen**

121hv Abb.: js

Plaza 13 de Marzo und Granma Memorial

Der Name des vor dem Museo de la Revolución 2 gelegenen Platzes erinnert an die fehlgeschlagene Präsidentenattacke regierungsfeindlicher Studenten am 13. März 1957. An seinem Südende stehen mit dem im Jahre 1680 errichteten Wachturm **Baluarte de Ángel** ein kümmerlicher Rest der früheren Stadtbefestigung und gleich daneben ein **Kanonenjagdpanzer,** mit dem Fidel Castros Gegner ihm seinerzeit den Garaus machen wollten. In der Mitte des Platzes wurde 2017 eine mächtige **Bronzestatue José Martís** (s. S. 37) hoch zu feurigem Ross aufgestellt. An der Ostseite erheben sich drei Gebäude, in denen wichtige politische Organisationen untergebracht sind: Das Comité Nacional de La Union de Jóvenes Comunistas UJC (Nationales Komitee der Union Junger Kommunisten), die Asamblea Provincial del Poder Popular (Havannas Lokalparlament) und die Organización de Pioneros José Martí (Pioniere).

In einem Glaspavillon auf der Plaza **hinter dem Museo de la Revolución** ist auf einem kleinen, eingezäunten und von Soldaten bewachten Areal die nach der Großmutter ihres ersten Besitzers benannte **Jacht „Granma"** zu bestaunen. 1956 brachte sie die Brüder Castro und ihre Kameraden von Mexiko nach Kuba, um in der Sierra Maestra den bewaffneten Kampf gegen Batistas Regime aufzunehmen. Außerdem können Exponate mit Bezug zur Invasion in der Schweinebucht 1961 und zu antirevolutionären Spionagetätigkeiten in Augenschein genommen werden. Die **Ewige Flamme** zwischen besagtem Pavillon und der Rückseite des Museo de la Revolución wurde von Fidel Castro im Jahr 1989 zum Ruhme der Helden des neuen Vaterlandes („héroes de la patria nueva") entzündet.

3 Iglesia del Santo Ángel Custodio ★ [B2]

Östlich des Museo de la Revolución erhebt sich die etwas erhöht gelegene, weiße Iglesia del Santo Ángel Custodio. Das ursprünglich in den 1680er-Jahren erbaute Gebäude wurde 1788 in eine Kirche umgewandelt. Turm und neogotische Fassade datieren aus der Mitte des 19. Jahrhunderts. Gegenüber dem Haupteingang der Kirche steht eine Büste des kubanischen Autors Cirilo Villaverde (1812–1894) nahe der Stelle, an der sich die Story seines Romans „Cecilia Valdés" zum dramatischen Höhepunkt zuspitzt.

› Avenida de las Misiones y Cuarteles

4 Museo Nacional de Bellas Artes ★★★ [B3]

Verteilt auf zwei etwa 500 Meter auseinanderstehende Gebäude zeigt das Nationalmuseum der Schönen Künste neben Gemälden spanischer, englischer und holländischer Meister auch die umfangreichste Sammlung kubanischer Malerei vom 18. Jahrhundert bis heute. Die Antikenausstellung (Ägypten, Griechenland, Rom) ist eine der umfangreichsten Lateinamerikas.

‹ Historischer Panzer vor dem Museo de la Revolución

Auf halbem Weg zwischen den beiden Abteilungen passiert man das **Edificio Bacardí.** Das 1929 vollendete Art-déco-Bauwerk ist leicht an seinem pyramidenförmigen Glockenturm mit der emblematischen Fledermausfigur zu erkennen.

> Avenida de Bélgica (Monserrate) No. 261 e/Progreso y Empredado

Kubanische Abteilung

Die Kubanische Abteilung ist unweit des Granma Memorial (s. S. 13) im **Palacio de Bellas Artes** in der Calle Trocadero zwischen den Calles Zulueta und Monserrate untergebracht. 1913 eröffnet, zeigt sie nach der Auslagerung der internationalen Abteilung heute auf knapp 7600 m² über 1200 Arbeiten kubanischer Künstler. Entsprechend acht Themen von „Kolonialzeit" bis „Kunst ab 1979" zusammengestellt, findet der Kunstliebhaber Gemälde, Zeichnungen, Gravuren und Skulpturen aus sechs Jahrhunderten. Die bekanntesten vertretenen Künstler sind Nicolás de la Escalera, Victor Patricio Landaluze (beide Meister der Kolonialzeit), René Portocarrero, Amelia Palaez und Wilfredo Lam (Moderne). Einige der Werke stammen aus den nach der Revolution konfiszierten Privatsammlungen des Bacardí-Clans und Fulgencio Batistas.

Internationale Abteilung

Gegenüber der Südostseite des Parque Central (19) befindet sich der im Renaissance-Stil gehaltene, mit vier markanten Türmen versehene **Palacio del Centro Asturiano.** Das 1927 nach den Plänen des spanischen Architekten Manuel del Busto errichtete, mit neoklassizistischen Motiven dekorierte Gebäude beherbergte einst den Obersten Volksgerichtshof Kubas.

Seit 2001 ist hier die internationale Abteilung des Museo Nacional de Bellas Artes untergebracht. Die auf fünf Stockwerken mit insgesamt 4800 m² Fläche ausgestellten Kunstwerke sind nach Herkunft der Meister geordnet. So findet man im Erdgeschoss Arbeiten US- und lateinamerikanischer und im dritten Stock Werke spanischer Künstler. Der vierte Stock ist den Franzosen gewidmet und beherbergt obendrein die Sondersammlung „arte antiguo" (antike Kunst). Im fünften Stock sind Werke deutscher, britischer, holländischer, flämischer und italienischer Künstler zu sehen. Neben den antiken Kunstschätzen lateinamerikanischer und europäischer Herkunft sind **Werke von Goya, Velázquez und Rubens** die Highlights des Museums.

> Trocadero e/Zulueta y Monserrate (**Arte Cubano** – Kubanische Kunst) und San Rafael e/Zulueta y Monserrate (**Arte Universal** – Internationale Abteilung), Tel. 78639484, 78610241, www.bellasartes.co.cu, mit Eintritt, geöffnet: Do–Sa 9–17, So 10–14 Uhr

5 Callejón de los Peluqueros ★ [B2]

Die **„Gasse der Friseure"** nimmt in Habana Vieja im jahrhundertealten Viertel *(barrio)* Santo Ángel ein knapp 100 Meter langes Teilstück der Straße Aguiar zwischen der Straße Peña Pobre und der Avenida de las Misiones ein. Noch in den 1990er-Jahren galt das Areal als wenig einladend. Das änderte sich dank **Gilberto Valladares Reina,** genannt „Papito", einem Friseur, der sich zum einen sozial engagierte und zum anderen begann, in seinem Salon Gegenstände auszustellen, die in Zusammenhang mit dem Friseurhandwerk stehen. Im Laufe der Zeit und mit Unterstützung des

Havannas Hafenallee entlang

Die auch **Avenida Carlos Manuel de Céspedes** genannte Avenida del Puerto (Hafenallee) wurde erst zu Beginn des vorletzten Jahrhunderts nach umfangreichen Erdaufschüttungen angelegt. Zwischen ihr und der Calle Tacón liegt heute ein aus zwei Teilen bestehender großer Park: Der westlichere **Parque Anfiteatro** mit einem griechisch anmutenden Open-Air-Theater und einem großen kostenpflichtigen Kinderspielplatz („parque de diversiones") mit kleinem Riesenrad (s. S. 124) sowie der **Parque Luz Caballero,** den die Statue des kubanischen Philosophen José de la Luz Caballero (1800–1862) schmückt. Wenig weiter, direkt am Hafenbecken, stößt man auf den 1839 eingeweihten, marmornen **Fuente de Neptuno** (Neptun-Brunnen) mit dem berühmten römischen Gott samt Dreizack. In früheren Zeiten galt es als technisches Highlight, dass die Anlage auf drei Seiten gleichzeitig Frischwasser spenden konnte.

Stadthistorikers **Eusebio Leal Spengler** (s. S. 27) entwickelte sich das heute hübsch gepflasterte Gässchen mit der großen **Scheren-Skulptur** mittendrin zu dem bunten Touri-Hotspot voller Café-Bars und Restaurants, als der es inzwischen bekannt ist. In Papitos alter Friseurstube wurde ein kleines **Museum zur Geschichte des Frisierens und Bartstutzens** eingerichtet.

› **Casa Museo de la Barberia,** Aguiar No. 10, Tel. 78610202, Eintritt frei, geöffnet: Mo–Sa 10–18 Uhr

6 Plaza de la Catedral ★★★ [C3]

Die gepflasterte Plaza de la Catedral wird von der kleinen, an ihrer Nordseite gelegenen und in barockem Stil verzierten Catedral de la Virgen Maria de la Concepción Inmaculada (Kathedrale der Jungfrau Maria von der unbefleckten Empfängnis) beherrscht.

Auf der Plaza de la Catedral

122hv Abb.: js

Das im 18. Jh. errichtete, verhältnismäßig kleine und mehrfach umgebaute Gotteshaus wird von den Kubanern schlicht „Catedral Colón“ oder „Catedral de San Cristóbal“ genannt. Die Statue der Heiligen Jungfrau ist in den Hochaltar integriert. Die Turmbesteigung kostet eine Gebühr, ist aber nicht immer möglich.

Die drei anderen Seiten der Plaza werden von herrschaftlichen Gebäuden der Kolonialzeit begrenzt: Im 16. Jahrhundert ließ Gouverneur General Gonzalo Pérez de Angulo die heute an der Nordwestseite des Platzes gelegene **Casa del Marqués de Aguas Claras** errichten. Im Portikus befindet sich ein der Lage entsprechend teures Café, während im prächtig dekorierten Innern das **Restaurante El Patio** (s. S. 60) untergebracht ist.

Mein Tipp

Kirchen in Habana Vieja

Neben der Kathedrale, der Iglesia del Santo Ángel Custodio 3 und der Iglesia de San Francisco de Asís am gleichnamigen Platz 12 können Fans sakraler Bauwerke in Habana Vieja noch ein halbes Dutzend weitere Kirchen *(iglesias)* aus der Kolonialzeit besuchen. Zentral liegt z. B. das schmucke Kirchlein **Santo Cristo del Buen Viaje** am gleichnamigen Platz [B4], Ecke Lamparilla y Villegas.

Der Eintritt in Kubas katholische Gotteshäuser ist frei. Kleinere Kirchen sind außerhalb der Messe oft geschlossen. Häufig kann man jedoch den in der Nachbarschaft lebenden **sacristán** (Küster) ausfindig machen, der Interessierte gegen eine adäquate Spende mit einer kleinen Privatführung erfreuen kann.

In den mehr als 30 katholischen Kirchen Havannas findet grundsätzlich jeden Sonntag und an hohen Feiertagen eine **Morgenmesse** statt, in der berühmten Kathedrale an der Plaza de la Catedral beispielsweise um 10.30 Uhr.

An der Südseite der Plaza und gegenüber der Kathedrale steht die **Casa del Conde de Bayona** aus dem Jahre 1720. Das schlichte, zweistöckige Gebäude ist ein besonders schönes Beispiel für eine traditionelle Händlerresidenz dieser Epoche. Heute beherbergt es das **Museo de Arte Colonial** (s. S. 53), dessen umfangreiche Sammlung Möbel, Porzellan, Musikinstrumente und allerlei andere Artefakte der Kolonialzeit umfasst. Die besten Fotos der Kathedrale schießt man aus dem frei zugänglichen oberen Stockwerk.

Die Ostseite der Plaza wird von einem 1741 fertiggestellten und heute **Casa de Lombillo** genannten Gebäude beherrscht, in dem man heute für die spanische Kolonialzeit typisches herrschaftliches Interieur besichtigen kann.

Die in unmittelbarer Nachbarschaft gelegene **Casa del Marqués de Arcos** wurde ebenfalls in den 1740er-Jahren errichtet. Die lebensgroße Bronzestatue unter dem Säulenvordach stellt den spanischen Tänzer Antonio Gadez (1936–2004) dar.

7 Calle Empedrado ★ [C3]

Die Calle Empedrado (wörtl. „gepflasterte Straße“) führt von der Nordseite der Plaza de la Catedral 6 gen Westen in Richtung Prado (Paseo de Martí) 20 und Centro Habana. An moderner Kunst interessierte Besucher sollten sich das **Centro de Arte Contemporáneo Wifredo Lam** (s. S. 56) an der Ecke San Ignacio nicht entgehen lassen.

Einen halben Block westlich der Kathedrale quälen sich Touristenströme durch die zweistöckige **Bodeguita del Medio** (s. S. 66), berühmt als Hemingways Trinkstätte Nummer Eins. Die bunt kostümierten, überdimensionierte Zigarren schmauchenden Herrschaften vor dem Eingang lassen sich gegen ein angemessenes Trinkgeld gerne ablichten. Wer die Gabe nicht freiwillig herausrückt, wird von ihnen hartnäckig daran erinnert.

Die Calle Empedrado 50 Meter weiter hinauf befindet sich die in den 1820er-Jahren erbaute barocke **Casa del Conde de la Reunión** mit der hier ansässigen **Fundación Alejo Carpentier,** in deren drei Räumen viel über das bewegte Leben des berühmten kubanisch-französischen Literaten (1904–1980) zu erfahren ist (Empedrado No. 215 e/ Cuba y San Ignacio, www.fundacioncarpentier.cult.cu, Tel. 78613667, 78615506, Anfang 2024 vorübergehend geschlossen).

Zwei Blocks weiter westlich stößt man auf den **Parque Cervantes,** seit 1906 geschmückt von einer lebensgroßen **Marmorstatue von Miguel de Cervantes** (1547–1616), dem berühmten Schöpfer des Don Quijote, sitzend und in voller Montur mitsamt zeitgenössischer Halskrause.

8 Plaza de Armas ★★★ [D3]

Die 1519 angelegte, mehrfach umgestaltete Plaza de Armas ist der älteste Platz Havannas. In seinem Zentrum findet man heute eine von Palmen umrahmte Marmorstatue des Nationalhelden Manuel de Céspedes.

Das **koloniale Flair** und der nahe **Markt für Secondhandbücher** unter freiem Himmel ziehen den ganzen Tag über Touristenscharen an. Rund um die Plaza stehen mehrere bedeu-

⊡ *Koloniale Prachtbauten säumen die Plaza de Armas*

023hv Abb.: js

tende Gebäude, von denen die eindrucksvollsten kurz vorgestellt werden sollen.

Westseite

Der dreistöckige **Palacio de los Capitanes Generales**, ein herrliches Beispiel barocker kubanischer Baukunst, wurde zwischen 1776 und 1792 errichtet und diente insgesamt 65 Gouverneuren als Residenz. Im Westflügel befand sich bis 1834 eine berüchtigte Haftanstalt. 1902 wurde der Prachtbau Sitz der Regierung, seit 1967 ist hier das sehenswerte **Museo de la Ciudad de La Habana** (Stadtmuseum, s. S. 53) untergebracht, das einen kleinen Einblick in die Geschichte der Hauptstadt bietet.

Highlights sind der „Salón de Espejos" (Spiegelsaal) und der Thronsaal. Sehenswert ist auch das **Original von „La Giraldilla"** (s. S. 19), der ältesten Bronzefigur Kubas auf dem Aussichtsturm des Castillo de la Real Fuerza 9. Die Kolumbus-Statue im begrünten Innenhof wirkt vor dem Hintergrund der sie umgebenden Palmen etwas unscheinbar.

Nordseite

Der **Palacio del Segundo Cabo** (Sitz des Vizegouverneurs, der Eintritt ist frei) wurde in den 1770er-Jahren in einem teils maurisch, teils barock anmutendem Stil errichtet. Im Erdgeschoss wechselnde, teilweise interaktiv präsentierte Ausstellungen. Östlich neben dem Palast trifft man auf eine lebensgroße Marmorstatue von König Fernando VII. (1784–1833).

Ostseite

Unmittelbar östlich des Castillo de la Real Fuerza 9 erinnert ein **Obelisk** an 77 kubanische Seeleute, die 1941 bei einem Angriff deutscher U-Boote ums Leben kamen.

Der als **El Templete** bezeichnete Nachbau eines dorischen Tempels dominiert die Nordostecke der Plaza de Armas. An der Stelle dieses Bauwerks soll Havanna der Legende nach gegründet worden sein. El Templete, der einem Bauwerk in der baskischen Stadt Guernica nachempfunden ist, wurde 1828 fertig gestellt. In seinem Innern finden sich drei große Gemälde de französischen Malers und Architekten Jean-Baptiste Vermay (1786–1833), die Szenen der Stadtgeschichte darstellen (geöffnet: Di–So 9.30–16.30 Uhr).

Das stattliche Gebäude südlich von El Templete ist der ehemalige **Palacio del Conde de Santovenia** und beherbergt heute das Hotel Santa Isabel (s. S. 133).

Südseite

Die in der südöstlichen Ecke der Plaza gelegene Bücherei **Biblioteca Pública Martínez Villena** hat die kleine **Galería Villena**, ein **Peso Cubano-Café** sowie das **Museo Nacional de Historia Natural** (tägl. 9.30–18 Uhr, mit Eintritt) als Nachbarn.

An der südwestlichen Ecke befindet sich das stets belebte **Café La Mina** (s. S. 60). Westlich davon wurde in der **Casa del Agua de la Tinaja** (Haus des Tonkrugwassers) jahrzehntelang Mineralwasser aus einer 1544 entdeckten Quelle für 20 Centavos pro Glas ausgeschenkt. Als Wirt fungierte von 1952 (!) bis 2016 der stets bestens gelaunte Pedro Pablo (siehe Foto S. 79). Solange kein würdiger Nachfolger gefunden ist, bleibt der einmalige Laden geschlossen.

La Giraldilla

Es kursieren drei gängige Theorien zur Bedeutung der **bronzenen Wetterfahne** auf dem Castillo de la Real Fuerza (9), die Gerónimo Martín Pinzón (1607–1649) im Jahr 1634 nach dem Vorbild der La Giralda im mutterländischen Sevilla fertigstellte und die u. a. alle Etiketten des von Havana Club vertriebenen Rums schmückt. Nach einer Auffassung ist die etwas entrückt dreinblickende Bronze-Lady schlicht ein Siegessymbol. Andere vermuten, sie stelle eine Personifizierung der Stadt Sevilla dar, schließlich habe sich dort der wichtigste Zielhafen der nach Europa auslaufenden Schiffe befunden.

Der dritten, romantischen Theorie zufolge stellt die Figur **Señora Inés de Bobadilla,** die Frau des Gouverneurs und Abenteurers Hernando de Soto (1496–1542), dar. Die bedauernswerte Dame soll jahrelang jeden Nachmittag vergebens den Horizont abgesucht und auf die Rückkehr ihres Gatten, der auf dem amerikanischen Festland umgekommen war, gewartet haben. Ihr zu Ehren soll La Giraldilla am höchsten Punkt Havannas mit Blick auf den Hafen aufgestellt worden sein. Inés fungierte in Abwesenheit ihres Mannes angeblich als Gouverneurin Kubas.

(9) Castillo de la Real Fuerza ★★ [D3]

An der Nordostecke der Plaza de Armas ist die kompakte Festung Castillo de la Real Fuerza nicht zu übersehen. Mit seinem breiten Burggraben und dem eckigen Schutzwall stellt das zwischen 1558 und 1577 errichtete Kastell den **ältesten noch existierenden Militärbau Havannas** dar. Auf einem der Aussichtstürme blickt mit einer Kopie der Wetterfahne „La Giraldilla“ (s. oben) ein Symbol der Stadt gen Hafen.

In der Festung ist heute das **Museo de Navegación** untergebracht, das sich der Geschichte der Schifffahrt widmet. Highlights sind u. a. die edelmetallenen Preziosen im *Sala de Tesoro* (Schatzkammer) und Modelle unterschiedlichster Wasserfahrzeuge.

› Avenida del Puerto, Ecke O'Reilly, Tel. 78644488, mit Eintritt, geöffnet: Di–So 9.30–17 Uhr

(10) Calle Obispo ★★★ [B3]

Die bei Weitem belebteste Straße Havannas verbindet die Plaza de Armas (8) mit dem Parque Central (19). Ihren Namen verdankt die Obispo dem ehemaligen Bischofssitz an der Ecke zur Calle Oficios.

Dank aufwendiger Renovierungsarbeiten hat die Calle Obispo in den 1990er-Jahren die **Eleganz der Kolonialzeit** wiedergewonnen. Die moderne Beleuchtung sorgt dafür, dass man auf ihr praktisch rund um die Uhr zwischen den beiden Teilen des historischen Stadtkerns flanieren kann. Trotz des Gedränges kommt die Atmosphäre der Obispo dem gängigen Kuba-Klischee besonders nahe: herausgeputzte Kolonialbauten, Galerien, lässige Habaneros aller Altersstufen und Hautfarben und in jedem Lokal der unverkennbare Sound der Gassenhauer vom Comandante Che und der Schönen aus Guantánamo.

Achtung: Trotz massiver Polizeipräsenz tummeln sich hier besonders viele dreiste **Schlepper!** Bei dem etwa 20-minütigen Spaziergang durch die Obispo passiert man zahlreiche Gebäude und Einrichtungen von touristischem Interesse. Hier eine nicht abschließende Auswahl:

Das rosafarbene, in den 1920er-Jahren errichtete **Hotel Ambos Mundos** (s. S. 132) an der Ecke Mercaderes ⑬ zehrt nach wie vor von seinem Ruf als Hemingways Lieblingsabsteige in den 1930er-Jahren. Das vom Meister bevorzugte, recht spartanisch ausgestattete Zimmer No. 511 kann besichtigt werden (geöffnet: tägl. 10–17 Uhr, mit Eintritt).

Das **Museo Numismático** (s. S. 54), das sich mit historischen Münzen und der Geschichte des Geldes befasst, ist in No. 335 untergebracht. Sehr auffällig ist das im ehemaligen **Palacio de Joaquín Gómez** untergebrachte **Hotel Florida** (Obispo No. 252, s. S. 132). Die 1838 gestaltete Lobby gilt als eine der schönsten Kubas.

Die 1898 eröffnete Apotheke in der Obispo No. 155 heißt **Museo y Farmacia Taquechel** (geöffnet: tägl. 9–17 Uhr, Tel. 78629286) und bietet unter anderem Kosmetik, Naturprodukte sowie homöopathische Mittelchen feil. Auf den Regalen reihen sich uralte Glas- und Majolikabehälter, Destilliergefäße und anderes pharmazeutisches Gerät aneinander.

⑪ Calle Oficios ★★ [D3]

Einst diente die Calle Oficios als Verbindung zwischen dem militärischen Zentrum der Plaza de Armas ⑧ und dem Hafen- und Handelsgebiet um die Plaza de San Francisco ⑫. Die **zahlreichen hübschen Fassaden** schmeicheln dem Auge des an Architektur interessierten Betrachters. Zwei Gebäude sind besonders sehenswert:

In dem im 18. Jh. errichteten Gebäude mit der Nummer 12 befindet sich die **Casa de los Árabes** (Haus der Araber, Di–Sa 9.30–17, So 9.30–13 Uhr, mit Eintritt, Tel. 78012082), die an frühe libanesische, syrische und palästinensische Kolonien auf Kuba erinnert. Schwerpunkte der ständigen Ausstellungen sind spanische und arabische Bronzeplastiken, Teppiche und Möbel aus dem 18. und 19. Jh. Genau gegenüber befindet sich mit der **Mezquita Abdallah** seit 2015 eine kleine Moschee.

Die sehenswertesten Hotelgebäude im Einzugsgebiet der Oficios sind das **Hostal Valencia** in Nummer 53 und das **Hostal El Comendador** in Oprapía No. 55. Unweit des Letztgenannten wurde im Jahre 2000 der **Jardín Diana de Gales** (Calle Baratillo, Ecke Carpinetti) eingeweiht. Der kleine Park hält die Erinnerung an die 1997 tödlich verunglückte und auch auf Kuba sehr geschätzte britische Prinzessin Diana wach.

⑫ Plaza de San Francisco ★★ [D4]

Die malerische, an die Avenida del Puerto grenzende Plaza de San Francisco (Platz des Hl. Franziskus) öffnet sich am Fuße der Calle Amargura (wörtl. „Straße der Bitterkeit"). In der Mitte des Platzes steht der eindrucksvolle, 1836 von Giuseppe Gaggini nach einem Vorbild in der Alhambra zu Granada geschaffene Brunnen **Fuente de los Leones** (Löwenbrunnen).

▷ Idyllisch: Plaza de San Francisco

An die einstige Bedeutung der Plaza als Handelszentrum erinnern mit der 1914 errichteten **Aduana General de la República** das historische Zollhaus und die 1907 fertiggestellte **Lonja de Comercio** (einst Sitz der Börse), auf deren Kuppel eine Statue des römischen Handelsgottes Merkur thront. Der für Kreuzfahrtschiffe ausgelegte **Terminal Sierra Maestra** befindet sich nur einen Steinwurf entfernt. Nirgendwo sonst auf der Welt ankern Luxusliner so nahe an einem historischen Stadtzentrum.

Der sich südlich anschließende Komplex **Iglesia y Convento de San Francisco de Asís** dominiert die nähere Umgebung des Platzes. Die schmucke Basilika wurde zwischen 1580 und 1591 im Auftrag der Franziskanermönche erbaut und erhielt um 1730 ihre heutige barocke Gestalt. Das dreischiffige Innere ist kreuzförmig angelegt und mit Gemälden unbekannter kubanischer Künstler aus dem 18. Jahrhundert und einer Holzstatue des heiligen Franz von Assisi geschmückt. Aufgrund ihrer ausgezeichneten Akustik wird die Basilika auch als Aufführungsort für **Chor- und Kammermusik** genutzt. Das aktuelle Programm ist im Eingangsbereich angeschlagen. Durch die Kirche gelangt man in den kleinen, Mutter Theresa zu Ehren angelegten Garten **Jardín de Madre Teresa de Calcuta.** Das angrenzende, 1739 fertiggestellte Klostergebäude beherbergt heute ein kleines Museum.

› Eintritt für Kirche und Museum. Der Turm kann grundsätzlich nicht erklommen werden (Stand Anfang 2024).

Unweit des Eingangs zur Kirche erinnert eine lebensgroße, von José Villa Soberón geschaffene Bronzestatue an den in den 1950er- und 1960er-Jahren stadtbekannten Clochard **„El Caballero de París“.** Der „Herr von Paris“ verdankt seinen Spitznamen der Tatsache, dass er sich gerne in der Nähe des Café de Paris aufhielt.

In der Nähe der Kirche wurde mit deutscher Unterstützung das **Museo Casa Alejandro de Humboldt**

060hv Abb.: © kmiragaya, stock.adobe.com

(s. S. 53) eingerichtet. Deutschlands berühmtester Naturforscher, Alexander von Humboldt (1769–1854), hielt sich 1800/1801 und 1804 zu Studienzwecken in Kuba auf. Auch aufgrund seiner für die damalige Zeit ungewöhnlich strikten Ablehnung der Sklaverei wird er auf der Insel nach wie vor sehr geschätzt und mit Christoph Kolumbus und dem Ethnologen Fernando Ortíz zu den „drei Entdeckern Kubas" gezählt. Das kleine Museum zeigt unter anderem Auszüge aus Humboldts Schriften und zeitgenössische Navigationsinstrumente.

13 Calle Mercaderes ★★ [C4]

Die **elegante „Straße der Kaufleute"** Mercaderes verbindet die Plaza de Armas 8 mit der vier Blocks weiter südlich gelegenen Plaza Vieja 15. Unter den zahlreichen ordentlich instandgesetzten Gebäuden ragen die folgenden besonders heraus:

- Zwischen den Calles Obispo und Obrapía passiert man zunächst die in Mercaderes No. 114 untergebrachte **Maqueta del Centro Histórico** (s. S. 52), ein Modell der Altstadt Havannas im Maßstab 1 : 5000.
- Hausnummer 111 gleich gegenüber beherbergt das **Museo Casa de Asia** (Asien-Museum, s. S. 53).
- Nebenan vertreibt die mit einer hübschen Front aus Holz und Glas versehene **Tienda El Navegante** (Mercaderes No. 115 e/ Obispo y Obrapía, Tel. 78613625) See- und Landkarten sowie Stadtpläne.
- Mercaderes No. 120 beherbergt mit **La Casa del Habano** (s. S. 72) ein Geschäft, das sich der gefälligen Präsentation und dem Verkauf edler Zigarren und Rauchutensilien verschrieben hat.
- An der Ecke zur Obrapía firmiert unter der No. 116 die **Casa del Benemérito de las Américas Benito Juárez** (s. S. 52). Die auch schlicht **„Casa de México"** genannte Einrichtung wird von der Sociedad Cubana Mexicana de Relaciones Culturales betrieben und widmet sich dem kubanisch-mexikanischen Kulturaustausch. Eine Ausstellung zeigt mexikanische Kleidung und Kunsthandwerk sowie aztekischen Schmuck.
- Unweit der Kreuzung Mercaderes/Obrapía findet man eine Reihe besonders schicker Gebäude, darunter die **Casa de la Obra Pía** („Haus der wohltätigen Tat/Stiftung", s. S. 52), eine voll ausgestattete Wohnung der Kolonialzeit und zugleich Museum mit dem Schwerpunkt Skulpturen und Porzellan, und die **Casa de África** (s. S. 52), die Tausende Exponate aus und über Afrika mit Schwerpunkten auf Religion, Masken und dem traurigen Kapitel Sklaverei ausstellt.
- Ebenfalls in der Calle Obrapía werden östlich der Calle Mercaderes in der **Casa de los Abanicos** (s. S. 74) traditionelle spanische Fächer hergestellt, bemalt und verkauft.
- Zwischen der Calle Obrapía und der Plaza Vieja stößt man zunächst auf das **Casa-Museo del Libertador Simón Bolívar** (Mercaderes No. 156, s. S. 52), in dem einige Artefakte aus Venezuela ausgestellt sind. In No. 202 befindet sich das Zigarrengeschäft **La Casa**

Mit der Fähre auf die andere Hafenseite

Eine Überfahrt mit den Personenfähren *(lanchitas)* von der kleinen Mole an der Avenida San Pedro zur anderen Seite des Hafenbeckens ist nicht teuer. Die wenig komfortablen Fähren starten täglich von 8 Uhr morgens bis spätabends ca. alle 30 Minuten, manchmal seltener. Sicherheitskontrolle wie am Flughafen.

del Habano Conde de Villanueva (s. S. 73) mit dem gegenüberliegenden **Parque Rumiñahui.**

1 [D4] **Museo del Chocolate**, Mercaderes No. 380, Ecke Amargura, Tel. 78664431, Di–Sa 9.15–16.45, So 9–13 Uhr, Eintritt frei, Drinks relativ preiswert. Es heißt zwar Museum, ist aber eher ein Café, in dem man kalte und heiße Trinkschokolade genießt.

14 Museo del Ron ★★ [D4]

Das von der Fundación Destilera Habana Club betriebene Museo del Ron Habana Club ist im einstigen **Palacio del Conde Mortera** untergebracht. Der interessierte Besucher erhält eine profunde audiovisuelle Einführung in das Mysterium der Rumherstellung (auch in deutscher Sprache).

In 13 Etappen werden dem interessierten Besucher die verschiedenen **Phasen der Rumherstellung** von der Böttcherei bis zur Abfüllung nahegebracht. So erfährt man etwa, dass für die Lagerfässer idealerweise das Holz der Weißeiche Verwendung findet und ein hundertjähriger Rum schon mal einige Tausend Euro kosten kann.

Hübsch gemacht ist das im Maßstab 1:22,5 gehaltene **Modell einer Zuckerplantage** aus dem frühen 20. Jahrhundert. Am Ende der auch auf Deutsch angebotenen Führung findet eine **Verkostung** der vier bekanntesten Habana-Club-Sorten statt: Silver Dry, Añejo 3 Años, Añejo Reserva und Añejo 7 Años. Die angeschlossene Bar rechts neben dem Haupteingang wird regelmäßig von Kreuzfahrt-Touristen (Kreuzfahrtanleger schräg gegenüber) überrannt (geöffnet: tägl. 9–21 Uhr). Meistens Mo, Do und So gibt es Livemusik bis gegen Mitternacht. Zu dem Komplex gehören außerdem ein Geschäft für Rum und andere Souvenirs (geöffnet: tägl. 9–19 Uhr) und eine kleine Kunstgalerie (Di–So 11–16 Uhr).

› Avenida San Pedro No. 262, Ecke Sol, Tel. 78618051, 8624108, www.havanaclubmuseum.com (inkl. virtueller Führung), geöffnet: Mo–Do 9–17, Sa 9–16.30, Fr, So 9–16 Uhr, mit Eintritt. Angeboten werden Führungen mit unterschiedlichen Schwerpunkten ab 45 Min. Dauer (auch in deutscher Sprache).

Hemingway-Fans schauen nur einen Block weiter in der ehemaligen **Hafenkneipe Dos Hermanos** (s. S. 66) vorbei, wo sich der weltberühmte Autor in Gesellschaft von Seeleuten und Straßenschwalben seinerzeit gerne den ein oder anderen Drink auf die Lampe goss. Nur ein paar Schritte weiter südlich kann die hübsche russisch-orthodoxe Kirche Havannas (Catedral ortodoxa Nuestra Señora de Kazán) besichtigt werden.

KURZ & KNAPP

Das Einmaleins des Rumgenusses

Rum gibt es in **drei Altersstufen:** Den dreijährigen **carta blanca,** den fünfjährigen **carta de oro** und den siebenjährigen **añejo** (bei manchen Marken abweichende Bezeichnungen). Je älter der Tropfen, desto weicher sein Aroma. Der *añejo* ist dabei durchaus mit einem edlen Cognac vergleichbar. *Carta blanca* bietet sich für das Mixen von Cocktails an, die beiden anderen genießt man pur oder auf Eis. Aus Rum, Eis und anderen Zutaten werden die berühmten kubanischen **Cocktails** gemixt, besonders populär sind der Mojito, der Daiquiri und der Cuba Libre.

15 Plaza Vieja ★★★ [C4]

Der weitläufige Platz wurde 1559 angelegt und hieß zunächst Plaza Nueva (Neuer Platz). Im 19. Jahrhundert wurde er in Plaza Vieja (Alter Platz) umbenannt. Bis in die 1990er-Jahre vorwiegend als Parkplatz genutzt, wird die von den Calles Mercaderes, San Ignacio, Brasil (Teniente Rey) und Muralla eingefasste Plaza heute **von sorgfältig restaurierten Arkaden und historischen Gebäuden gesäumt.** Die Mitte des Platzes ziert ein umzäunter, 1796 eingeweihter und liebevoll renovierter **Marmorbrunnen.** Er trägt das Wappen Havannas und das des Conde de Santa Clara, seinerzeit Gouverneur der Stadt.

Auf der Südseite befindet sich das bedeutendste Bauwerk des Platzes: die zwischen 1733 und 1737 als Residenz der Condesa de Merlin errichtete **Casa del Conde Jaruco** (Muralla No. 107), die heute Galerien und Boutiquen beherbergt. In der an der Südostecke der Plaza gelegenen Casa del Marqués de Prado Amero wurde das originelle **Museo de Naipes** (s. S. 54) untergebracht.

Auf der Westseite der Plaza verdient die in der Nordwestecke gelegene **Casa de las Hermanas Cárdenas** besondere Erwähnung. Heute hat sich hier das Centro de Desarrollo de las Artes Visuales (s. S. 56) etabliert. Die Südwestecke wird von der **Factoría La Muralla** (s. S. 59) beherrscht, einem Bar-Restaurant mit eigener Brauerei und großem Freiluftbereich auf der Plaza.

Das **Antiguo Colegio Santo Ángel** aus dem 18. Jh. mit sehenswertem Innenhof besetzt die Nordwestseite des Platzes und dient heute als (kostspieliges) Restaurante Santo Ángel (Tel. 78611626). In der nordöstlichen Ecke befindet sich die schicke **Café Taberna Amigos del Benny** (s. S. 65), ein nach dem legendären Sänger und Komponisten Benny Moré aus Cienfuegos benanntes Bar-Restaurant.

Mit dem **Edificio Gómez Villa** steht das höchste Gebäude des Platzes an der Nordostecke der Plaza. Ein Aufzug befördert den Besucher in die im obersten Stockwerk untergebrachte **Cámara Oscura**, die mithilfe eines 360-Grad-Teleskops Ansichten aller wichtigen Gebäude Havana Viejas auf die Leinwand bringt – eine hervorragende Möglichkeit für einen ersten Überblick (geöffnet: tägl. 9–17 Uhr, mit Eintritt)! Gleich nebenan befindet sich ein **Planetarium** (planetario).

In der südöstlichen Ecke der Plaza Vieja liefert der 1906 fertiggestellte **Palacio Vienna** ein faszinierendes Beispiel für überseeische Art-nouveau-Architektur.

025hv Abb.: js

Selbstgebrautes in einmaligem Ambiente: die Factoría La Muralla (s. S. 59) an der Plaza Vieja

Afrokubanischer „Voodoo“

Afrokubanische Kulte mischen Aspekte katholischer Volksfrömmigkeit mit den Religionen westafrikanischer Völker. Die Kolonialmacht Spanien verlangte von den verschleppten Afrikanern die (zumindest formale) Annahme des römisch-katholischen Glaubens. Allerdings hielten viele der Zwangschristianisierten, darunter besonders viele Yoruba, unter dem Deckmantel des Katholizismus an ihren Religionen und Kulten fest. Damals wie heute bilden Yoruba die mit Abstand größte ethnische Gruppe im Südwesten Nigerias. Die in Kuba verbreitetsten Hauptrichtungen afrokubanischer Kulte sind die Regla Ochá (Santería), die Regla Conga (auch Palo Monte, besonders im Osten Kubas) und die Geheimgesellschaft der Abakuá. Darüber hinaus existieren einige weitere Gruppen, die Kulten wie Voudou (auch Vudú oder Voodoo), Regla Arará und Gangá Longobá anhängen. Das herausragendste Merkmal der Santería ist die Assoziierung alter afrikanischer Mythengestalten (Orishas) mit katholischen Schutzheiligen. Einen ersten Überblick über die Santería verschafft man sich durch einen Besuch des Museo de los Orishas 18 unweit des Capitolio im Westen von Habana Vieja.

Alle Anhänger afrokubanischer Kulte glauben an die unmittelbare Wirkung von Zauberformeln („amarres“). Die meisten betreffen den Dreiklang Gesundheit, Liebe und Geld („salud, amor y dinero“). Besonders wirkmächtige Magie darf nur von Santeros oder Babalaos, also speziell initiierten Santería-kundigen Personen, benutzt werden. Besonders eingeweihte Anhänger des Palo Monte bezeichnen sich als Paleros. Werden die Sprüchlein und magischen Handlungen nicht regelgerecht und mit dem jeweils vorgesehenen Brimborium angewendet, bleibt der gewünschte Erfolg normalerweise aus.

Die Popularität insbesondere der Santería ist in Kuba ungebrochen. Kritische Stimmen monieren, dass sich manche Santeros und Santeras ihre Dienste (zu) teuer bezahlen lassen. Der populäre Song „La Estafa del Babalao“ des kubanischen Duos Kola Loka von 2011 thematisiert dies auf sehr amüsante Weise.

⊡ *Die Santería-Gottheit Eleguá besieht sich einen Orakelwurf*

026hv Abb.: js

16 Convento de Santa Clara ★ [C5]

Der mächtige zweistöckige Bau Iglesia y Convento de Santa Clara de Asís wurde in den Jahren zwischen 1638 und 1644 mitten in der Altstadt im spanischen Barockstil errichtet und diente einst als Havannas erstes Nonnenkloster. Zu der wuchtigen Anlage gehören drei Kreuzgänge und eine große, früher als Garten genutzte Freifläche. Die letzten Schwestern verließen den Konvent 1922. 1982 wurde hier das **Centro Nacional de Conservación y Museología** untergebracht. Die neun Gästezimmer haben seit Beginn einer noch laufenden, mehrjährigen Renovierung der Anlage keine Übernachtungsgäste mehr gesehen.

› Cuba No. 610 e/Luz y Sol, Tel. 78615043, **derzeit (2024) geschlossen**

17 Estación Central ★ [B6]

Das sehenswerteste Gebäude im Süden der Altstadt ist die ein wenig venezianisch anmutende Estación Central de Ferrocarriles (Hauptbahnhof) an der Calle Arsenal. Das 1912 eingeweihte Gebäude wird von zwei Türmen gekrönt, die mit den Wappen der Hauptstadt und des Landes verziert sind. In der Haupthalle ist Kubas erste Dampflokomotive (die legendäre „La Junta“) aus dem Jahre 1843 zu bestaunen. In einem kleinen Park gleich daneben bewundern Eisenbahn-Fans weitere historische (Dampf-)Lokomotiven.

Am Ende der Avenida de Bélgica (Monserrate) stehen unweit des Bahnhofs Reste der **Muralla de La Habana**, der historischen Stadtmauer.

› Egido e/Arsenal y Avenida San Pedro, Tel. 78621920

18 Museo de los Orichas ★★ [A5]

Highlight des am Prado zwischen den Straßen Dragones und Máximo Gómez (Monte) gelegenen Museo de los Orichas sind 32 lebensgroße Darstellungen der wichtigsten, Orichas genannten **Santería-Gottheiten** (s. S. 25).

Das Museum wird von der „Asociación Cultural Yoruba de Cuba“ betrieben. An afrokubanischen Kulten interessierte Besucher erhalten auf Wunsch eine sachkundige Führung (gelegentlich sogar in deutscher Sprache) und reichlich Infomaterial. Zur Anlage gehören auch eine **Bibliothek** und ein **Shop** für zeremonielle Kultgegenstände. Freitags finden ab 17 Uhr häufig Sessions (*actividades*) mit heiligen Batá-Trommeln und Tanz statt.

› Paseo de Martí (Prado) No. 615 e/ Dragones y Máximo Gómez (Monte), Tel. 78635953, geöffnet: Di–Sa 9–17 Uhr, mit Eintritt. Die angeschlossene Cafetería hat bis 20 Uhr geöffnet. Fotografieren ist nicht erwünscht.

19 Parque Central ★★ [A3]

Der schmucke Parque Central liegt am südlichen Ende des Prado gegenüber dem Gran Teatro de La Habana Alicia Alonso 23 und den Hotels Inglaterra und Telégrafo. In der Mitte des 1877 angelegten Parks stand zunächst eine Statue von Königin Isabella II. 1905 wurde sie durch eine von José Vilalta y Saavedra aus wertvollem Carrara-Marmor geschaffene Darstellung des Nationalhelden **José Martí** (s. S. 37) ersetzt. An Feier- und Gedenktagen finden hier eindrucksvolle Zeremonien statt.

Der baumbestandene Park zu beiden Seiten der Statue ist von **herr-**

schaftlichen Gebäuden** aus dem 19. und 20. Jahrhundert gesäumt. Zwischen den Stadtteilen Habana Vieja und Centro Habana gelegen, ist er ein beliebter Treffpunkt. So finden kubanische Baseball-Fans stets Gleichgesinnte, um die letzten Spiele und den aktuellen Tabellenstand zu diskutieren. Die Bänke neben der Martí-Statue (in Blickrichtung José Martís rechts) werden vom Volksmund wegen der hier besonders emotional geführten Streitgespräche rund um Kubas **Ballsport Nummer Eins** *esquina caliente* (heiße Ecke) genannt.

Rund um den Park findet man auch einige der bekanntesten Hotels der Stadt. Das pastellfarbene **Hotel Plaza** liegt an der Nordostseite des Parks. Im 19. Jh. als Privathaus mit dreieckigem Grundriss errichtet, wurde es 1909 in ein Hotel umgestaltet und beherbergte in seiner Blütezeit so illustre Gäste wie Enrico Caruso und Anna Pawlowa. Das verhältnismäßig junge **Hotel Parque Central** (s. S. 133) beherrscht die Nordseite des Parks, während das in Blau-Weiß gehaltene **Hotel Telégrafo** in nordwestlicher Richtung steht.

Die architektonischen Glanzlichter im Westen des Parks sind das **Gran Teatro de La Habana Alicia Alonso** 23 und das 1856 eröffnete **Hotel Inglaterra** (s. S. 134). Sein von einem Vordach geschütztes Café Louvre ist ein Top-Spot, um bei einem kühlen Drink das bunte Treiben in der näheren Umgebung auf sich wirken zu lassen. Im Innern des Hotels erfreuen herrliche architektonische Details in maurischen und arabesken Stilvarianten das Auge. Ein besonderes Highlight ist die lebensgroße, „La Sevillana“, eine bronzene spanische Tänzerin in der großen Bar.

An der Südseite des Parque Central konnte man im 1878 errichteten **Teatro/Cine Payret** jahrzehntelang zu einem unschlagbar günstigen Eintrittspreis Hollywoodstreifen mit spanischen Untertiteln in extratiefen Theatersesseln genießen. Damit war jedoch schon vor der globalen Covid-19-Pandemie Schluss. Das einzigartige Kino weicht wohl ebenso wie die von der Bevölkerung sehr geschätzte Sporthalle Sala Polivalente Kid Chocolate rechts daneben **internationalen Hotelbauprojekten.** Die Abriss- und Umbauarbeiten an beiden Gebäuden sind Stand Anfang 2024 noch nicht abgeschlossen.

Die Restaurierung der historischen Altstadt

Seit den 1990er-Jahren bemüht man sich im Rahmen eines **aufwendigen Restaurierungsprogramms,** den alten Glanz der Altstadt Havannas zu bewahren bzw. wiederherzustellen. Der Stadthistoriker **Eusebio Leal Spengler** (1942–2020) leitete die Sanierung jahrzehntelang. Ein Teil der Gelder dafür wird von der staatlichen Tourismusgesellschaft Habaguanex erwirtschaftet, die in den renovierten Gebäuden einige der prachtvollsten Hotels und bekanntesten Restaurants Havannas betreibt.

Abseits der auch mit Unterstützung der UNESCO restaurierten Straßenzüge gleicht Havannas Altstadt und v. a. auch der Stadtteil Centro Habana einem **riesigen Abrissgebiet.** Unter dem Einfluss der Seeluft und tropischer Stürme verwittern zahllose architektonische Zeugnisse der Kolonialzeit. Da viele Wasserleitungen völlig veraltet sind, ereignen sich außerdem regelmäßig Rohrbrüche.

20 Prado (Paseo de Martí) ★★★ [A3]

Havannas berühmteste Flaniermeile verbindet das Castillo de San Salvador de La Punta 1 mit dem Parque Central 19 und lädt Einheimische wie Touristen fast rund um die Uhr zum Bummeln ein.

Im Jahr 1772 ließ der Marqués de la Torre den Prado außerhalb der damaligen Stadtmauern anlegen. Schnell wurde er ein beliebtes Ausflugsziel für die ansässigen Aristokraten. 1834 wurde die Prachtstraße bunt gepflastert und mit schmiedeeisernen Laternen versehen. Die heutige Form mit den **acht Bronzelöwen** und den **wuchtigen weißen Marmorbänken** erhielt der an die Rambla Barcelonas erinnernde Prado Ende der 1920er-Jahre unter Federführung des französischen Landschaftsarchitekten Jean Claude Nicolas Forestier.

Entlang des Prado findet der aufmerksame Liebhaber exotischer Baustile zahlreiche Beispiele für den jahrhundertelang anhaltenden **maurischen Einfluss auf Havannas Architektur:** Die Fassade des zwischen den Straßen Refugio und Trocadero gelegenen **Centro Cultural de Árabe** ist mit einem in orientalischem Stil gehaltenen Mosaik geschmückt, die Front des ehemaligen Hotel Regis an der Ecke Refugio lässt Art nouveau und arabeske Elemente miteinander verschmelzen und in der Lobby des an der Ecke Trocadero ansässigen **Hotels Sevilla** (s. S. 133) fühlt sich der Besucher mit etwas gutem Willen in eine marokkanische Medina versetzt – kein Zufall, denn die Architekten ließen sich von der Alhambra in Granada inspirieren.

Weitere sehenswerte Baudenkmäler entlang des Prado:

In der als **Casa del Científico** (Ecke Trocadero) bezeichneten ehemaligen Residenz des kubanischen Präsidenten José Miguel Gómez ist heute ein hübsches kleines, derzeit (Anfang 2024) leider geschlossenes Hotel untergebracht. Im ersten Stock des **Palacio de Matrimonio** (Hochzeitspalast) an der Ecke Ánimas finden regelmä-

Auf dem Prado (Paseo de Martí)

ßig Trauungszeremonien statt. Das Gebäude wurde 1914 von der Vereinigung spanischer Immigranten errichtet und besticht durch seine bemerkenswerte Fassade im neobarocken Stil. Das Gebäude des ehemaligen **Teatro Fausto** an der Ecke Colón ist am oberen Ende seiner Fassade mit einem an Art déco erinnernden Ornamentband verziert. Die **Bronzestatue** am dem Meer zugewandten Ende des Prado stellt den patriotischen, von den Spaniern hingerichteten Dichter Juan Clemente-Zenea (1832–1871) dar.

Centro Habana

Centro Habana liegt zwischen den touristisch wesentlich wichtigeren Stadtteilen Habana Vieja und Vedado. Im 19. Jahrhundert als Wohngebiet für das Bürgertum konzipiert, sind heute viele Gebäude und Straßen in sehr schlechtem Zustand. Die Zahl der Sehenswürdigkeiten hält sich in Grenzen. Allerdings ist auf den oft schachbrettartig angelegten Straßen fast rund um die Uhr etwas los. Schnell gewinnen Reisende einen **authentischen Einblick** in den besonderen Mikrokosmos dieses Stadtteils.

Im Norden wird Centro Habana von der Uferpromenade Malecón 25 begrenzt. In Ost-West-Richtung bilden die Calle Zanja [g/hl] und die an der Kreuzung mit der Nord-Süd-Achse Padre Varela (Belascoaín) in die Avenida Salvador Allende (Carlos Tercero) übergehende Avenida Simón Bolívar (Reina) [hm] die wichtigsten Verkehrsadern. Das Gebiet südlich davon gilt als sogar noch etwas morbider (noch schlechtere Straßen etc.) als die näher am Meer gelegenen Gegenden Centro Habanas.

Die Mehrzahl der für Touristen interessanten Spots in Centro Habana können von Habana Vieja aus auch zu Fuß angesteuert werden.

21 Capitolio ★★★ [A4]

Das 1926 bis 1929 aus hellem Kalksandstein erbaute Capitolio Nacional dominiert mit seiner knapp 92 Meter hohen, säulenumkränzten und teilvergoldeten Kuppel das Stadtbild an der Grenze zwischen Habana Vieja und Centro Habana.

Unübersehbar: das Capitolio

028hv Abb.: js

MEIN TIPP

Pause in Havannas „Chinatown“

Durch ein ausladendes Drachentor, das in Sichtweite des Capitolio 21 die Straße Dragones überspannt, betritt man das chinesische Viertel *(barrio chino)*. Nach der Revolution verließen die geschäftstüchtigen Chinesen Castros Kuba in Scharen. Die sehr wenigen verbliebenen China-Restaurants bieten eine kleine Auswahl an Speisen, die in Kuba als typisch chinesische Gerichte durchgehen.

Die noch bis Ende der 2010er-Jahre beliebten Pappschachteln *(cajitas)* mit – idealerweise – Fleisch, Reis, Yucca und etwas Salat für umgerechnet 1 oder 2 € sind inzwischen auch hier nur noch selten zu bekommen.

Die **Nachbildung des Kapitols in Washington** war ursprünglich Sitz des Repräsentantenhauses und des Senats. Heute wird das Capitolio von der Akademie der Wissenschaften, dem Umweltministerium und der Nationalbibliothek genutzt. Eine breite Freitreppe führt, flankiert von zwei 6,70 Meter hohen allegorischen Darstellungen (links „Arbeit“ bzw. „Fortschritt“, rechts „Tugend“), ins Gebäude. Die drei hohen Bronzetüren am Eingang thematisieren Kubas Geschichte seit Kolumbus' Landnahme. In der marmornen Kuppelhalle prunkt mit Schild und Schwert die goldüberzogene **Estatua de la República** – mit beeindruckenden 14,60 Metern Höhe und 30 Tonnen Gewicht eine der größten Bronzestatuen der Welt. Das Marmorpodest, auf dem sie steht, ist 2,50 Meter hoch. Am Boden davor markiert die Kopie eines Diamanten den Punkt, von dem aus alle Distanzen innerhalb Kubas gemessen werden.

Man besichtigt ferner die im Stil der italienischen Renaissance eingerich-

KURZ & KNAPP

Historische Partagás-Zigarrenfabrik

Außer Betrieb, aber weiterhin ein beliebtes Fotomotiv: Gleich hinter dem Capitolio 21 bestaunt man die auffällige braune und cremefarbene Fassade der **Fábrica de Tabacos Partagás.** Über 150 Jahre lang wurde hier tonnenweise „braunes Gold“ gerollt. Ab den 1990er-Jahren konnte der Produktionsprozess von zahlenden Besuchern besichtigt werden. Auf geführten Touren erfuhren diese, dass es allein von der Zigarren-Marke Partagás Dutzende unterschiedliche Typen und Formate gibt und dass der Geist des 1868 ermordeten Zigarrenbarons Don Jaime Partagás Ravelo regelmäßig im Gebäude vorbeischaut. Nach der Schließung der Fabrik kamen Besucher nur noch wegen des sehr gut sortierten großen Zigarrenshops rechts vom Eingangsportal. Derzeit (Anfang 2024) ist im und am Gebäude der einst so berühmten Zigarrenmanufaktur nichts von touristischem Interesse zu finden – abgesehen von der weiterhin gern und häufig fotografierten Fassade.

★2 [A4] **Fábrica de Tabacos Partagás,** Industria No. 520 e/Barcelona y Dragones

Geführte Touren durch andere örtliche Zigarrenfabriken können in den großen Hotels auch von Nicht-Hotelgästen für ab ca. 10 € p. P. inkl. Transfer zur Manufaktur gebucht werden. **Wichtige Warnung:** Die vielerorts in Havanna mehr oder weniger diskret angepriesenen Zigarren sind in jedem Fall von minderer Qualität, Ausschussware oder gestohlen (siehe Hinweise zum Zigarrenkauf s. S. 72).

teten **Sitzungssäle**, die **Bibliothek** und den mit Säulen, Fresken und einer Mosaikdecke verzierten **Parlamentssaal**.

› Paseo de Martí e/San Martín y Dragones, mit Eintritt, geöffnet: Mo–Sa 10–18 Uhr

22 Parque de la Fraternidad Americana ★ [A4]

Am Südende des Prado 20 liegt links des Capitolio der 1892 auf dem Gelände eines alten Militärübungsplatzes angelegte Parque de la Fraternidad (Park der Brüderlichkeit). Seine heutige Erscheinung geht auf Umbauten anno 1927 zurück. Im Zentrum des Parks steht der 1928 gepflanzte **Árbol de la Fraternidad Americana** (Baum der amerikanischen Freundschaft). Unweit davon sind Büsten von amerikanischen Sympathieträgern wie Simón Bolívar und Abraham Lincoln zu besichtigen. In den Straßen rund um den Park starten viele Stadtbusse und Sammeltaxis *(colectivos/máquinas/almendrones)*.

Der monumentale Brunnen **Fuente de la India Noble Habana** befindet sich unmittelbar östlich des Parque de la Fraternidad. Eine barbusige *indígena* thront hier seit 1837 in Carrara-Marmor gehauen auf einem wuchtigen Sockel aus demselben Material.

23 Gran Teatro de La Habana Alicia Alonso ★★★ [A3]

Unmittelbar südlich des Hotels Inglaterra stößt man gegenüber dem Parque Central auf das architektonische Wunderwerk Gran Teatro.

Zu Ehren von Kubas berühmtester Primaballerina ist das 1837 als Teatro Tacón errichtete Gebäude seit 2016 nach der 2019 im Alter von fast 100 Jahren verstorbenen Alicia Alon-

124hv Abb.: js

KURZ & KNAPP

Calle San Rafael (Boulevard)

Das am westlichen Ende des Parque Central 19 zwischen dem Hotel Inglaterra und dem Gran Teatro beginnende erste Teilstück der Calle San Rafael wird auch schlicht Boulevard genannt. Die bis in die 1950er-Jahre für ihre zahlreichen Luxusgeschäfte berühmte Straße wird heute von **kleinen gastronomischen Betrieben** gesäumt und ist fast rund um die Uhr sehr belebt.

Nationalheld Antonio Maceo im gleichnamigen Parque [gl]

so benannt. Die **neobarocke Fassade** des 1915 fertiggestellten Theaters ist ein viel fotografierter Augenschmaus.

Auf den **markanten Ecktürmen** strecken sich Engel gen Himmel. Nationale Ballett- und Opernensembles begeistern regelmäßig über 1100 Zuschauer im herrlich dekorierten und mit samtbezogenen Stühlen versehenen **Hauptsaal.** Für weniger spektakuläre Darbietungen sind die 500 Plätze umfassende Sala Alejo Carpentier und die für 120 Zuschauer ausgelegte Sala Artaud vorgesehen.

› Paseo de Martí e/San Rafael y San Martín, Tel. 78613077/78/79. Der Eintrittspreis zur geführten Besichtigung ist deutlich günstiger als derjenige für die Vorstellungen. Besichtigung und Tageskasse: Mo–Sa 9–17, So 9–13 Uhr. Gute Hotelrezeptionen sind bei der telefonischen Ticketreservierung behilflich.

MEIN TIPP

Kirchen in Centro Habana

Neben der gotischen **Iglesia del Sagrado Corazón** 24 gibt es im selben Stadtteil drei weitere wichtige Gotteshäuser (Öffnungszeiten s. S. 16).

- 3 [hm] **Iglesia Nuestra Señora de la Caridad del Cobre,** die Kirche „unserer Frau von der Barmherzigkeit von Cobre" ist der Schutzheiligen Kubas, der Jungfrau von Cobre, geweiht.
- 4 [gl] **Nuestra Señora del Carmen,** ist dank der großen Virgen-del-Carmen-Statue auf dem fast 60 Meter hohen Kirchturm kaum zu übersehen.
- 5 [gl] **Capila de la Inmaculada Concepción,** die „Kapelle der unbefleckten Empfängnis", liegt gegenüber dem Parque Antonio Maceo mit seinem monumentalen Reiterstandbild des „bronzener Titan" genannten Nationalhelden. Hier beten viele Angehörige von Patienten des nahe gelegenen Hospital Hermanos Ameijeiras (Geschwister-Ameijeiras-Krankenhaus, s. S. 122) für deren rasche und vollständige Genesung.

24 Iglesia del Sagrado Corazón ★★ [hm]

Die imposante Iglesia del Sagrado Corazón (Kirche vom geheiligten Herzen) wurde 1922 nach nur acht Jahren Bauzeit fertiggestellt. Sie ist das mit Abstand sehenswerteste Bauwerk an der viel befahrenen Avenida Salvador Allende (Avenida Carlos Tercero), einer breiten Ausfallstraße, die am Parque de la Fraternidad 22 beim neoklassischen, 1844 erbauten Palacio de Aldama als Avenida Simón Bolívar (Reina) beginnt und zum wuchtigen Castillo del Príncipe an der Grenze zum Stadtteil Vedado führt.

030hv Abb.: js

Havannas Oldtimer

Hunderte meist sehr gepflegte Chevrolets, Packards, Buicks und Cadillacs aus den 1950er-Jahren – und sogar einige ältere Jahrgänge – mischen sich unter die wenig ansehnlichen Ladas und immer häufiger vertretenen Fabrikate neueren Datums. Bis zur Revolution und dem US-Handelsembargo importierte man fleißig Automobile des großen Bruders im Norden. Mangels Nachschub hegten und pflegten die Besitzer ihre Gefährte über Jahrzehnte und ersetzten defekte Komponenten bis hin zum Motor durch Ersatzteile anderer Marken jüngerer Bauart.

Heute stellen die „cacharros" (Karren/Kisten) für wohlhabende Kubaner eine beliebte Geldanlage und für Taxifahrer eine verlässliche Einnahmequelle dar.

Sie wollen in einem 52er Plymouth, einem 57er Chevrolet Bel Air Hardtop oder einem Buick Centuries, der deutlich älter ist als Sie selbst, durch Havanna geschaukelt werden? Kein Problem: Vor den Stufen des Capitolio (21) und in der Umgebung des Parque de la Fraternidad (22) sowie des Parque Central (19) warten Dutzende von Automobilisten mit den entsprechenden Vehikeln, um diesen Wunsch zu erfüllen.

Die individuelle Gage ist Verhandlungssache und beginnt bei ungefähr 20 € pro Stunde oder Ausflug. Preisgünstiger sind z. B. Lada-Taxis, die ebenfalls für Stadttouren gebucht werden können.

Die gotische Kirche nimmt das mittlere Drittel des großen Blocks zwischen den Straßen Padre Varela (Belascoaín) und Gervasio ein und bietet dort zuverlässig Zuflucht vor dem oft nervenzehrenden Trubel Centro Habanas.

› Sonntagsmesse 9.30 Uhr

(25) Malecón ★★★ [hl]

Kurz vor Sonnenuntergang ist die beste Zeit für einen Spaziergang über den Malecón. Der eindrucksvollste Teil der fast sieben Kilometer langen Uferpromenade gehört administrativ zu Centro Habana.

Am 4. November 1901 verabschiedeten die US-amerikanischen Behörden, die Kuba gerade verwalteten, den Plan zum Bau einer **baumbestandenen Fußgängerpromenade**, die am Castillo de la Punta (1) beginnen und möglichst weit nach Westen reichen sollte. 1919 erstreckte sich der Malecón bereits bis zur Calle Belascoaín (Padre Varela), 1921 dann bis zur Rampa (Calle 23 [fk]). Wunschgemäß entwickelte sich die Promenade schnell zu einer wichtigen Verkehrsverbindung zwischen den Stadtteilen Habana Vieja, Centro Habana und Vedado.

Am Malecón reihen sich Gebäude aus verschiedenen Epochen und in höchst unterschiedlichem Erhaltungszustand aneinander – ein **bunter Stilmix** aus Kolonialbauten, verblichenen, einst cremefarbenen Gebäuden und mehrstöckigen, modernen Häusern aus dem 20. Jahrhundert, teilweise mit Loggias im oberen Stockwerk. Vor allem das Gebiet zwischen Prado (20) und Calle Belascoaín (Padre Varela) [hl] ist für seine pastellfarbenen und zum Teil hübsch restaurierten Gebäu-

‹ Malecón-Angler vor der imposanten Skyline des Stadtteils Vedado

de berühmt. Wer gerne in dieser Zone wohnen möchte, findet auf S. 134 mehrere Übernachtungstipps, darunter das Hotel **Deauville**.

Meistfotografierte Sehenswürdigkeit des zu Vedado gehörenden Teils des Malecón ist das **Hotel Nacional** 26.

Vedado

Die Bezeichnung Vedado (wörtlich: „verboten" beziehungsweise „Gehege") erinnert an das „Waldschutzgebiet", das sich hier einst befand – während der Kolonialzeit war es verboten, „im Vedado" Gebäude zu errichten.

Nach dem Jahr 1898 ließen sich US-Firmen und Privatleute in dem neu entstehenden Stadtteil nieder. Wenige Jahrzehnte später war Vedado mit Hoteltürmen, Bürogebäuden, Nachtclubs und Geschäften übersät. Bis zum Ende des Batista-Regimes boomte Vedado auch in touristischer Hinsicht: Alkohol und Sex waren billig zu haben und auch das Glücksspiel zog Kurzurlauber in Scharen an, bis Fidel Castro 1959 dem Treiben praktisch über Nacht ein Ende bereitete. Sein damals vorläufiges Hauptquartier war im 22. Stock des Havanna Hilton eingerichtet, dem heutigen **Hotel Habana Libre** (S. 134).

Heute gleicht sich der Charakter Vedados mehr und mehr der Nutzung vor der Revolution an: Ausländische Betriebe und Joint Ventures haben hier ihre Niederlassungen und ein erheblicher Teil von Havannas **Nachtleben** spielt sich in den Straßenschluchten westlich der Calzada de Infanta ab.

MEIN TIPP

Eisdiele Coppelia

In einem großen und nicht sehr ansehnlichen Gebäude in UFO-Form auf dem höchsten Punkt der Calle 23 (La Rampa) ist der seit dem kubanischen Filmklassiker „Erdbeer und Schokolade" weltberühmte Eispalast Coppelia untergebracht. Auch werktags bilden sich am Eingang oft sehr lange Warteschlangen.

Schräg gegenüber grüßt mit dem metallenen Quijote de América eine an der Ecke der Calles J und 23 (La Rampa) aufgestellte, überlebensgroße plastische Interpretation des weltberühmten Romanhelden hoch zu Ross.

6 [fl] **Eisdiele Coppelia**, Calle 23 (La Rampa), Ecke Calle L, geöffnet: Di–So 10–21.15 Uhr

26 Hotel Nacional ★★ [fk]

Der Abschnitt des Malecón, an dem die Grenze zwischen den Stadtteilen Centro Habana und Vedado verläuft, wird von einer felsigen Erhebung dominiert, auf der das im Jahr 1930 eröffnete **Art-déco-Hotel** Nacional steht.

Auch wer nicht Übernachtungsgast des Hotels ist, kann die meisten Einrichtungen im Gebäude und auf dem Gelände nutzen. Dazu zählen beispielsweise das **Cabaret Parisién** (s. S. 68), die Außenanlagen mit **Hotelgarten** und herrlichem Blick auf den nahen Atlantik sowie diverse **gastronomische Angebote.**

› Calle O, Ecke Calle 21, Tel. 78363564/67, www.hotelnacionaldecuba.com

27 Centro Fidel Castro Ruz ★★ [dl]

Ein Museum zu seinen Ehren hatte sich **Fidel Castro** (1926–2016), Kubas *„Máximo Líder"* (bzw. in späteren Jahren *„Líder histórico de la revolución")*, für die Zeit nach seinem Ableben verbeten. Also richtete man ihm Ende 2021 in einer geräumigen Villa ein „Centro" ein – das allerdings dann doch einiges mit einem modernen Museum gemein hat ...

Highlights eines Rundgangs durch die Anlage sind u. a. Videos mit Auszügen von **Original-Reden** Castros, außerdem **interaktive Stationen zu seinem Leben und Wirken.** Ausgewiesene Fans Fidels werden sich sicher gerne die von ihm bei bedeutsamen Ereignissen getragenen **Kleidungsstücke** ansehen, darunter z. B. eine blütenweiße Guayabera (in Lateinamerika beliebtes Leinenhemd).

Von ihren Klassenlehrern begleitete **kubanische Schulkinder** stellen einen erheblichen Teil der Besucherschaft. Sie sind leicht an ihren landesweit einheitlichen Schuluniformen zu erkennen.

› Calle 11 No. 707 e/Paseo y Calle A, www.centrofidel.cu, Tel. 78330292, geöffnet: Di–Sa 9–16, So 9–13 Uhr, Führungen Di–Sa 9, 11, 13 und 15, So 9 und 11 Uhr, Eintritt frei. Obligatorische Aufbewahrung von Handtaschen, Rucksäcken etc. beim Eingang. **Tipp:** Sollte eine der ca. eineinhalb Stunden dauernden Führungen bei Ihrem Eintreffen bereits laufen, können Sie sich dieser evtl. kurzfristig noch anschließen. Einfach das Personal am Eingang fragen.

28 Universidad de La Habana ★ [fl]

Die Universität wurde 1728 von Dominikanern gegründet und war zunächst im Convento de San Juan de Létran in der Altstadt untergebracht. Nach Ausrufung der Republik 1902 wurde sie nach Vedado verlegt. Sie wurde in ihrer heutigen Gestalt zwischen 1906 und 1940 erbaut. Vor dem Haupteingang am höchsten Punkt der 50 Meter langen Freitreppe *(escalinata)* sitzt die 1919 durch den tschechischstämmigen Bildhauer Mario Korbel geschaffene überlebensgroße **Bronzestatue „Alma Mater".** Das älteste Gebäude auf dem sehenswerten Campus ist die mit einer schnörkellosen Fassade versehene **Aula Magna.**

Im Erdgeschoss der naturwissenschaftlichen Fakultät ist das auch für Touristen zugängliche **Museo de Historia Natural Felipe Poey** (geöffnet: Mo–Fr 9–15 Uhr, Eintritt frei) untergebracht. Kubas ältestes Museum wurde 1842 durch den Universalgelehrten Felipe Poey gegründet und präsentiert in zahlreichen Vitrinen unter anderem Dutzende endemischer

125hv Abb.: js

› *Im Centro Fidel Castro Ruz*

Arten, d.h. Lebewesen, die nur auf Kuba vorkommen.

› San Lazaro, Ecke Calle L, Tel. 78791313, www.uh.cu

Kulturhistorisch Interessierte Besucher werfen einen Blick in das **Museo Antropológico Montané** (s. S. 54) im ersten Stock desselben Gebäudes (Anfang 2024 wegen Renovierung geschlossen). Die bereits 1903 gegründete Einrichtung zeigt eine Sammlung präkolumbianischer Funde. Die aufregendsten Exponate sind die Skulpturen „Ídolo de Tabaco" und „Ídolo de Bayamo" sowie der „Dujo de Santa Fé", ein thronartiges Artefakt.

29 Museo Napoleónico ★★ [fl]

Nur etwa 50 Meter östlich des Campusgeländes der Universität stößt man auf das in einem dreistöckigen Gebäude im Renaissance-Stil von 1920 untergebrachte Museo Napoleónico. Die zunächst vielleicht überraschende Existenz eines napoleonischen Museums hat Kuba der ungewöhnlichen Leidenschaft zweier reicher Exilanten zu verdanken: Als Julio Lobo (vor der Revolution Präsident der Nationalbank) und der Diplomat Orestes Ferrera (ehemaliger kubanischer Botschafter in Frankreich) 1959 die Insel verließen, erwarb die Regierung deren **fast 7000 Artefakte** umfassende Privatsammlungen.

In den Museumsräumen sind Möbel im Empire-Stil und zahlreiche Napoleon-Bonaparte-Memorabilien ausgestellt. Besonders hervorzuheben sind eine Totenmaske sowie ein Backenzahn des berühmten Korsen, ferner persönliche Besitztümer wie eine Zahnbürste, ein Teleskop und Pistolen.

› San Miguel No. 1159, Ecke Ronda, Tel. 78791460, geöffnet: Di–Sa 9.30–17 Uhr, mit Eintritt

126hv Abb.: js

30 Plaza de la Revolución ★★★ [em]

Seit 1959 ist die Plaza de la Revolución, nach der ein ganzer Stadtbezirk benannt ist, Kubas politisches und administratives Zentrum.

Der weiträumige Platz wurde 1952 noch unter Batista als „Plaza Cívica" (wörtl. in etwa „Bürgerplatz") angelegt. Hier fanden nach der Revolution die ersten **Massenkundgebungen** statt und auch heute strömen zu Anlässen wie den Feierlichkeiten zum Tag der Arbeit am 1. Mai Menschenmassen auf dem Platz zusammen.

Auf dem Weg zur Plaza de la Revolución – dominiert von dem eindrucksvollen Monument für José Martí

Monumento y Museo José Martí

Das spektakuläre, fast **140 Meter hohe Monument** steht auf einem wuchtigen Sockel, dessen Grundriss die **Form eines fünfzackigen Sterns** aufweist. Die Bauarbeiten wurden 1953 am 100. Geburtstag des kubanischen Nationalhelden aufgenommen und 1959 abgeschlossen.

Unmittelbar vor dem monumentalen Turm steht eine 18 Meter hohe, vor Ort von Juan José Sicre behauene **Marmorstatue** eines José Martí in nachdenklicher Haltung. Das Museum zu José Martí befindet sich im Innern des Turmes: Zwei Räume enthalten Erinnerungsstücke an Martí, ein dritter illustriert die Geschichte des Denkmals, im vierten finden Kunstaustellungen statt. An klaren Tagen überblickt man vom **Aussichtspunkt** *(mirador)* auf der Turmspit-

José Martí – Poet und Märtyrer

Im Gegensatz zu seinen lebensfrohen Landsleuten ging Kubas erster Nationalheld, der asketische **Dichter und Freiheitskämpfer José Martí,** eher nachdenklich durchs Leben. Am 28. Januar 1853 als Sohn spanischer Emigranten in Havanna geboren, verfasste **Martí** bereits als 13-Jähriger erste Sonette. Früh begann er seine poetischen und rhetorischen Fähigkeiten im Unabhängigkeitskampf gegen die spanische Kolonialmacht einzusetzen. Dies brachte ihm Verurteilungen zu Gefängnis und Zwangsarbeit ein, schließlich die Verbannung ins Exil, das er unter anderem in den USA verbrachte. Martí träumte nicht nur von der Unabhängigkeit Kubas, sondern strebte wie vor ihm Simón Bolívar und nach ihm Che Guevara die politische Befreiung und kultu relle Eigenständigkeit ganz Lateinamerikas an.

Als 1895 der zweite **Unabhängigkeitskrieg** losbrach, griff der schnauzbärtige Revolutionär mit der hohen Denkerstirn selbst zur Waffe. Mit seinem Tod in einem der ersten Gefechte am 19. Mai 1895 bei Bayamo begann Martís Aufstieg in den Pantheon der herausragenden Freiheitskämpfer Lateinamerikas. Die unten abgedruckten Zeilen aus seinen **„Versos sencillos“** (Schlichte Verse) gingen als berühmteste Strophe des Volksliedes „Guantanamera“ um die Welt und sind ein schönes Beispiel für Martís Talent, ergreifende und feierliche Gefühle in einem kurzen Vers einzufangen:

Guantanamera
Guantanamera, guajira
Guantanamera
yo soy un hombre sincero
de donde crece la palma
y antes de morirme
quiero echar mis versos
del alma. Guantanamera ...
Con los pobres de la tierra
quiero yo mi suerte echar.
El arroyo de la sierra
me complace más que el mar.

Mädchen aus Guantánamo,
Mädchen aus Guantánamo,
Landmädchen aus Guantánamo,
ich bin ein aufrechter Mann,
unter Palmen bin ich zu Haus
und bevor ich sterbe
möchte meine Seele besingen, was
sie bedrückt. Guantanamera ...
Mit den Armen dieser Erde
möchte ich mein Los teilen.
Der Bergbach
behagt mir mehr als das Meer.

ze, Havannas höchstem Punkt, die ganze Stadt.

› Tel. 78592335, geöffnet: Mo–Sa 9.30–16.30 Uhr, mit Eintritt (der Höhe nach gestaffelt: nur Zutritt zum Gelände des Monuments bzw. inkl. Museum bzw. inkl. Museum und Aussichtsplattform)

Palacio de la Revolución

Das riesige Gebäude hinter dem Martí-Monument beherbergt die Büroräume des Staatsrats, des Ministerrats und des Zentralkommitees der Kommunistischen Partei Cubas, PCC.

Biblioteca Nacional José Martí

In der Nationalbibliothek Kubas lagern über zwei Millionen Bücher. Auch ausländischen Besuchern steht sie offen. Den Schwerpunkt bilden die Geisteswissenschaften.

Teatro Nacional

Von außen überrascht das Gebäude an der Westseite des Platzes mit einer **konvexen Fassade.** Der größere der beiden Säle, die Avellaneda, fasst 2500 Zuschauer, in der Covarrubia finden immerhin noch 800 Personen Platz. Neben Theaterproduktionen werden auch Lesungen, Ballettaufführungen und Konzerte geboten.

MEIN TIPP

Am Parque John Lennon [dl]

Eingefleischte John-Lennon-Fans können ihrem 1980 hinterrücks erschossenen Idol im Parque Lennon zwischen den Straßen 6 und 8 bzw. 15 und 17 huldigen. Am 20. Todestag Lennons wurde hier eine von José Villa Soberón gefertigte lebensgroße **Bronzestatue** des legendären Musikers und Friedensaktivisten enthüllt. Die Inschrift zitiert einen Refrainteil von „Imagine" auf Spanisch: „dirás que soy un soñador, pero no soy el único".

Gleich neben dem kleinen Park kann man recht preisgünstig einen Drink oder Imbiss einnehmen:

7 [dl] **Unión Francesa de Cuba** €, Calle 6, Ecke Calle 17. Italienische Kost im 1. Stock, kubanische und internationale Küche im 2. Stock.

Ministerio del Interior

Die Fassade des Innenministeriums, das direkt gegenüber dem Martí-Denkmal steht, ist seit 1995 mit einer aus Bronze gefertigten und das **Antlitz Che Guevaras** darstellenden Skulptur bedeckt. Darunter prangt Ches legendärer Slogan: „Hasta la victoria siempre" – „Bis zum immerwährenden Sieg".

15 Jahre später und nur wenige Hundert Meter weiter wurde auch dem anderen großen, ebenfalls jung verschiedenen Sympathieträger der kubanischen Revolution, **Comandante Camilo Cienfuegos (1932–1959),** die riesige Fassade des Kommunikationsministeriums gewidmet. Vor dem Monumento y Museo José Martí stehend können beide Konterfeis gleichzeitig bestaunt und abgelichtet werden.

Museo Postal Cubano (s. S. 55)

Das **derzeit (Anfang 2024) geschlossene Postmuseum** ist seit 1965 im Gebäude des Kommunikationsministeriums untergebracht. Anhand von Briefmarken wird die Geschichte Kubas veranschaulicht. Außerdem stehen historische Persönlichkeiten wie Gerardo Machado und Fulgencio Batista bzw. Che Guevara und Fidel Castro im Fokus der Ausstellung.

Gräberfeld auf dem Cementerio Colón

31 Cementerio Colón ★★★ [dm]

Der Cementerio Colón (Kolumbus-Friedhof), auch „Necrópolis Cristóbal Colón" genannt, ist mit einer Fläche von 55 Hektar einer der größten Friedhöfe der Welt. Nach einem an den Grundriss römischer Militärlager angelehnten Entwurf des spanischen Architekten Calixto de Loira angelegt, wird die Anlage nach wie vor als letzte Ruhestätte genutzt.

Aufgrund der großen Zahl von Skulpturen und Denkmälern in ganz unterschiedlichen Stilrichtungen – von eklektischen bis zu extravaganten zeitgenössischen Arbeiten einschließlich Pyramiden und mittelalterlichen Schlösschen – wurde die 1871 angelegte Necrópolis inzwischen **unter Denkmalschutz gestellt.**

Unter den zahlreichen hier **bestatteten Personen der Zeitgeschichte** finden sich so illustre Gestalten wie der Held der Unabhängigkeitskriege, Máximo Gómez, der Schachweltmeister José Raúl Capablanca, der Romancier Alejo Carpentier, die Guerillera Haydée Santamaría und eine Reihe von Mitgliedern der Bacardí-Familie. Das Mausoleum der letztgenannten ist mit eisernen Fledermäusen, dem weltberühmten Bacardí-Motiv, verziert.

Das mit Abstand **meistbesuchte Grab** der Anlage ist das von Amelia Goyri, **La Milagrosa** (Die Wundersame) genannt. Sie starb 1901 bei der Geburt ihrer Tochter im Alter von 24 Jahren. Auch das Neugeborene überlebte nicht. Nach der damaligen Tradition bestattete man sie gemeinsam. Die Sage will, dass die Körper bei der Graböffnung nach mehreren Jahren völlig unversehrt waren. Eine weitere Legende berichtet, dass das ursprünglich zu Füßen seiner Mutter gebettete Kind bei der Graböffnung in ihren Armen lag. Diese Wunder und die Trauer des Ehemannes, der das Grab täglich besuchte und ihm nie den Rücken zuwandte, machten Amelia zum Symbol der Mutterliebe und zur Schutzpatronin Schwangerer und Neugeborener. Auch die werdenden Mütter, die in großer Zahl zu ihrem Grab pilgern, wenden ihr nie den Rücken zu. Wichtiges Detail des Kultes um La Milagrosa: Bevor eine Bitte an sie gerichtet werden darf, klopft der Gläubige dreimal mit einem der am Grabstein befestigten Messingringe gegen selbigen. Die hübsche, von José Villalta de Saavedra geschaffene Marmorstatue wurde 1909 aufgestellt.

127hv Abb.: ©rudiernst, stock.adobe.com

Sehenswert sind auch das marmorne, von Rita Longa geschaffene Halbrelief **La Piedad,** das monumentale Grabmal **Las Víctimas de la Caridad,** die unterirdischen **Katakomben,** die Kapelle **Capilla Central** im Zentrum der Anlage und das antik anmutende **Portal des Haupteingangs,** der von einer die drei religiösen Tugenden Glaube, Liebe und Hoffnung darstellenden Personengruppe aus Carrara-Marmor gekrönt wird (José Villalta de Saavedra 1904).

› Cementerio Colón, Haupteingang: Calzada de Zapata, Ecke Calle 12, geöffnet: täglich 8–17 Uhr, mit Eintritt. Es ist keine Übertreibung zu behaupten, man könne einen ganzen Tag mit der Besichtigung des Cementerio Colón zubringen. Für entsprechend ambitionierte Besucher hält das Informationsbüro (Tel. 78304517) rechts des Haupteingangs eine kostenpflichtige Übersichtskarte vom Kaliber eines Stadtplans bereit. Führungen (englisch/spanisch) kosten extra.

Unmittelbar südwestlich des Cementerio Colón legten eingewanderte Chinesen einen eigenen, *Cementerio Chino* (Chinesischer Friedhof) genannten, Gottesacker an der Westseite der Avenida 26 e/Calles 28 y 33 an [cn].

Zahlreiche Monumente und Grabmale chinesischen Stils zeugen bis heute von der einst herausragenden Bedeutung der asiatischen Einwanderer für Kuba.

Havannas 5th Avenue: die Avenida 5ta im Stadtteil Miramar

Miramar

Miramar ist ein prestigeträchtiger, im 20. Jh. entstandener **Stadtteil mit vielen Villen.** Er wird in Ost-West-Richtung von vier breiten Avenidas durchzogen, wobei die 1ra Avenida [32] (zumindest stellenweise) eine Uferstraße ist und parallel zu den landeinwärts im Abstand von ca. 100 Metern angelegten Avenidas 3ra, 5ta [35] und 7ma verläuft. Von Vedado kommend, erreicht man den Stadtteil über einen der Tunnel am Ende des Malecón. Fußgänger nutzen die Stahlbrücke *Puente de Hierro* am Westende der Calle 11.

In Miramar befinden sich zahlreiche ausländische Botschaften, das Teatro Karl Marx (s. S. 70) und einige sehr gute Restaurants. Noch weiter nach Westen, immer die Avenida 5ta entlang, liegen ein kleiner, vom kubanischen Künstler José Fuster (geb. 1946) farbenfroh gestalteter Stadtbezirk („Fusterlandia"), der recht übersichtliche Stadtstrand von Jaimanitas und die Marina Hemingway.

[32] Avenida 1ra ★ [bl]

Miramars 1ra (gesprochen: primera) Avenida zieht sich ab der Mündung des Río Almendares kilometerlang nahe der Küste entlang Richtung Westen. Ihr fehlt es im Vergleich zum Malecón [25] an Lebendigkeit, dafür laden einige wenige **balnearios (Strandabschnitte)** zum Baden ein, z. B. die *Playita 16* (Strändchen 16) am Ende der Calle 16. Im wegen seiner blauen Glasfassade unübersehbaren Teatro Karl Marx (s. S. 70) an der Ecke der Calle 10 finden nicht nur Theateraufführungen, sondern auch Konzerte und andere Events statt. Zwischen den Calles 60 und 62 steht das **Acuario Nacional** (Nationalaquarium) [33].

032hv Abb.: js

33 Acuario Nacional ★

In großen **Salzwasseraquarien** wird die Unterwasserwelt der karibischen See imitiert. Hier besieht man sich z. B. Anemonen, Korallen, Haie, Schildkröten und Seelöwen. Der beliebteste Bereich des 1960 eröffneten Nationalaquariums ist das Becken mit den Tümmler-Delfinen. Die **Delfin-Shows** und der große **Kinderspielplatz** begeistern den Nachwuchs.

› Avenida 3ra, Ecke Calle 62, Tel. 72025871, www.acuarionacional.cu, mit Eintritt, derzeit (Anfang 2024) nur Sa 10–18 Uhr geöffnet

34 Maqueta de La Habana ★ [am]

Auf der 3ra (gesprochen: tercera) Avenida trifft man zwischen den Calles 26 und 28 auf den Pabellón de la Maqueta de La Habana, in dem es auf 144 m² ein **detailliertes Modell der Stadt** im Maßstab 1:1000 zu bestaunen gibt. Die Gebäude sind nach ihrem jeweiligen Alter eingefärbt: Rot für Bauwerke der Kolonialzeit, Ocker für die Zeit 1900–1959 und Elfenbeinfarben für postrevolutionäre Zeiten. Achtung: Bitte nicht mit der kleineren Maqueta del Centro Histórico (s. S. 52) in der Altstadt verwechseln!

› Calle 28 No. 113 e/Avenidas 1ra y 3ra, mit Eintritt, **derzeit (2024) geschlossen**

35 Avenida 5ta ★★ [bm]

Die Verlängerung des Malecón ist die karibische Variante der Fifth Avenue, die Quinta Avenida/Avenida Quinta.

Die Quinta (gesprochen: kinta) beginnt an der Ausfahrt des nördlichen Tunnels unter dem Fluss Almendares. Auf beiden Seiten der Prachtstraße prunken **imposante Villen** aus dem frühen 20. Jahrhundert und Häuser in Art-déco- oder eklektischem Stil.

An der Ecke zur Calle 26 trifft man neben dem Parque Miramar auf die modernistische **Iglesia de Santa Rita de Casia** [am] aus dem Jahre 1942.

MEIN TIPP

La Maison

Wo sich die Avenida 5B in die Avenidas 7ma (gesprochen: septima) und 31 aufteilt, steht das **Centro Comercial La Maison** (s. S. 74), in dem diverse Shops, Boutiquen und ein kleiner Pool untergebracht sind. Derzeit (2024) stark eingeschränkter Betrieb.

Die stets blumengeschmückte Statue der heiligen Rita im Inneren wurde von einer Namensvetterin, der kubanischen Bildhauerin Rita Longa, geschaffen. Im kleinen **Parque Miramar** daneben geben die Statuen der Freiheitskämpfer Emiliano Zapata und Mahatma Gandhi beliebte Fotomotive ab.

Die in den Jahren 1978 bis 1987 errichtete **Russische Botschaft** zwischen den Straßen 62 und 66 erinnert an einen Kontrollturm und gilt als eines der hässlichsten Gebäude Kubas. Architektonisch weit reizvoller ist die in den 1950er-Jahren im byzantinischen Stil erbaute **Iglesia Jesús de Miramar** (Avenida 5ta No. 8003 e/ Calles 80 y 82, Tel. 72035301). Das wuchtige Gotteshaus verfügt über eine eindrucksvolle, leider von pietätlosen Termiten angefressene große Orgel, die zudem an den Folgen eines Wasserschadens leidet und der Teile der Tastatur fehlen.

Andere Stadtteile

Um die Sehenswürdigkeiten in den etwas außerhalb gelegenen Stadtteilen zu erreichen, ist ein fahrbarer Untersatz erforderlich. Das könnte natürlich auch ein Oldtimer mit Chauffeur sein (s. S. 33)!

36 Parque Histórico Militar Morro-Cabaña ★★★ [C1]

Die zum Parque Histórico Militar Morro-Cabaña vereinigten Bollwerke Castillo de los Tres Santos Reyes Magos del Morro („Burg der Heiligen Drei Könige aus dem Morgenland"), kurz El Morro, und Fortaleza San Carlos de La Cabaña (Festung), kurz La Cabaña, sind erschlossene Touristenmagnete ersten Ranges.

Das sich von den Festungen aus in Richtung Habana Vieja bietende **Panorama** riss den kubanisch-französischen Romancier Alejo Carpentier

1939 zu folgender Eloge hin: „Havannas Hafeneinfahrt wirkt wie das Werk eines raffinierten Bühnenbildners. Denn dieser Hafen mit seiner schmalen Einfahrt, beschützt von Festungsanlagen von unbestreitbarem dekorativen Wert, gehört zu den ganz wenigen, die so weit vordringen bis ins Herz einer Stadt."

› **Anfahrt:** Wer mit dem Auto oder Taxi anreist, biegt nach Durchquerung des beim Máximo-Gómez-Monument beginnenden Tunnels rechts ab und folgt anschließend der Ausschilderung. Die Einfahrt in den Komplex ist grundsätzlich gebührenpflichtig. Fußgänger dürfen den Tunnel nicht benutzen und weichen auf die vom Parque de la Fraternidad (22) Richtung Habana del Este startenden Busse oder die *lanchitas* genannten schrottreifen Fähren aus. Deren Anlegestelle liegt unweit der Plaza de San Francisco (12). Reihen Sie sich in die Schlange „Casa-blanca" ein! Die Fahrt ist sehr preisgünstig. Auf der anderen Seite der Hafeneinfahrt angekommen, spaziert man bergauf und vorbei an der riesigen Christus-Statue (39) zur Fortaleza de la Cabaña.

(37) Castillo de los Tres Santos Reyes Magos del Morro ★★ [ik]

Unter Gouverneur Juan de Texeda begann 1589 der von Giovanni Bautista Antonelli geplante Bau der Festung Castillo de los Tres Santos Reyes Magos del Morro („Burg der Heiligen Drei Könige aus dem Morgenland"), kurz „El Morro", direkt an der Hafeneinfahrt. Die Bauzeit sollte insgesamt fast 40 Jahre betragen. Bis zur Eroberung Havannas durch die Briten 1762 wurden auch dank El Morro alle Angriffe auf die Hauptstadt erfolgreich abgewehrt. Zwi-

Der Leuchtturm der Festung „El Morro" (37) ist eines der Wahrzeichen der Stadt

033hv Abb.: js

KURZ & KNAPP

El Cañonazo

Allabendlich um Punkt 21 Uhr wird in der Festung La Cabaña 38 die traditionelle Cañonazo-Zeremonie abgehalten. Höhepunkt des von einer Gruppe junger Soldaten in historischen Uniformen geleiteten Rituals ist das Abfeuern eines auch noch auf der anderen Seite der Hafenbucht gut hörbaren **Böllerschusses.**

Während der Kolonialzeit erinnerte er die Bürger an die Schließung der Stadttore und die Abriegelung der Hafeneinfahrt. Geführte Cañonazo-Ausflüge mit anschließendem Dinner können über große Hotels und bei Veranstaltern von Städtetouren (s. S. 129) gebucht werden.

Die Zeremonie darf gegen einen Preisaufschlag von einem speziellen „Balkon" aus genossen werden. Der Einlass in die sogenannte Presidential Box kostet ebenfalls extra.

schen dem Morro und dem auf der anderen Seite der Hafenbucht gelegenen Castillo de San Salvador de la Punta 1 spannte man in der Kolonialzeit allabendlich eine Kette zur Blockierung des Hafens.

Neben den Außenanlagen können auch Ausstellungen, etwa zur Geschichte von El Morro, und der 30 Meter hohe **Faro (Leuchtturm) del Morro** besichtigt werden. Der 1844 errichtete Leuchtturm lässt heute seinen 30 km (!) reichenden Lichtstrahl durch die Nacht kreisen.

Die Bezeichnung des südlich des Castillo zu bestaunenden Aufgebots **riesiger Kanonen** als *Batería de los Doce Apóstoles* (Batterie der zwölf Apostel) ist ein gutes Beispiel für die damalige Sitte, tödlichem Kriegsgerät biblische Namen zu verpassen.

› tägl. 10–mind. 19 Uhr, mit Eintritt

38 Fortaleza de San Carlos de la Cabaña ★★★ [D1]

Im Anschluss an die bittere Erfahrung der einjährigen englischen Besatzung begannen die Spanier 1763 nur gut 500 Meter südöstlich von „El Morro" mit der Errichtung einer noch weitaus größeren Festung. Der Bau der **riesigen Verteidigungsanlage** dauerte nur knapp elf Jahre und verschlang mit 14 Millionen Pesos eine solch gewaltige Summe, dass König Carlos III. wütend um ein Fernglas bittend gesagt haben soll: „Ein so kostspieliges Bauwerk muss doch sogar von Madrid aus zu sehen sein."

La Cabaña ist über 700 Meter lang und bedeckt als Vieleck eine Grundfläche von zehn Hektar. Wohl auch wegen der enorm abschreckenden Wirkung der Anlage kam es nie zum Verteidigungsfall. Ein Teil des Geländes wird noch heute als Militärlager genutzt. Ein Besuch der wuchtigen Festung und ihrer Umgebung bietet eine ganze Reihe von touristischen Highlights, darunter **drei kleine Museen:**

Das **Museo de la Comandancia de Che** zeigt Brille, Rucksack und andere persönliche Gegenstände des weltberühmten argentinischen Guerilleros. Im **Museo Monográfico de la Fortaleza/Museo de la Cabaña** erfährt man alles Wissenswerte zur Geschichte der Festung und kann eine reiche Auswahl von zeitgenössischen Uniformen, Waffen und Folterinstrumenten in Augenschein nehmen. Das **Museo de Fortificaciones y Armas** schließlich ist der Traum aller Militaristen, denn sie stoßen hier auf eine beeindruckende Sammlung von Waffen aus verschiedenen Epochen und Erdteilen.

Vom Festungsabschnitt San Julián Revellín aus sieht man Richtung Osten eine mit während der Kubakrise von 1962 auf der Insel stationierten sowjetischen Atomraketen geschmückte Wiese.

Die schönsten Altstadtpanorama-Fotos gelingen vom südlich der Plaza de Armas gelegenen **Semibaluarte de San Lorenzo,** einem kleinen, runden Wachturm. Erfrischungen, Snacks und Souvenirs werden auf dem weitläufigen Gelände an mehreren Stellen feilgeboten.

› tägl. 10–22 Uhr, mit Eintritt (ab 18 Uhr inkl. Cañonazo-Zeremonie, Beginn 20.30 Uhr)
› **Museen auf dem Gelände,** Mo–Sa 10–18 Uhr, So 10–13 Uhr, Guides kosten extra

39 Estatua El Cristo de La Habana ★ [jl]

Einen kurzen Fußmarsch südöstlich von La Cabaña blickt die 20 Meter hohe Statue El Cristo de La Habana, die Hand zum Segen erhoben, von einem drei Meter hohen Podest über den Hafenkanal gen Altstadt. Die aus weißem Carrara-Marmor gehauene, **weithin sichtbare Marmorstatue** wurde 1958 von der kubanischen Künstlerin Jilma Madera (1915–2000) fertiggestellt und am 25. Dezember desselben Jahres, also nur wenige Tage vor dem Sieg der kubanischen Revolution, enthüllt: Für den bei diesem Ereignis anwesenden Diktator Fulgencio Batista war dies einer seiner letzten Auftritte als Staatsoberhaupt.

› tägl. 10–18 Uhr, mit Eintritt

40 Finca Vigía ★★

In der Villa Finca Vigía im Vorort San Francisco de Paula ist heute das Museo Ernest Hemingway untergebracht. Zwölf Kilometer südlich von Habana Vieja hatte sich „Hem" im Mai 1939 mit seiner dritten Frau Martha Gellhorn in die 1886/1887 nach Plänen eines katalanischen Architekten errichtete einstöckige **Kolonialvilla** eingemietet. Ein Jahr später erwarb er das recht weitläufige Anwesen. Er bewohnte die Villa bis kurz vor seinem Tod 1961 und arbeitete hier unter anderem an den weltberühmten Werken „Inseln im Strom" und „Der alte Mann und das Meer".

Im August 1961 veranlasste man seine Witwe Mary Welsh, die Villa mitsamt Einrichtung an den Staat abzutreten. Am 21. Juli 1962 wurde die Anlage der Öffentlichkeit zugänglich gemacht. Anfangs war es interessierten Besuchern noch erlaubt, die einzelnen Räume zu betreten, während man Hemingways privates Reich heutzutage durch die weit geöffneten Türen und Fenster betrachtet.

Das Innere des Gebäudes erweckt den Eindruck, der Autor habe sein Zuhause nur mal kurz für einen Drink in einer seiner Lieblingskneipen verlassen. Man bestaunt den Originalzustand der Räumlichkeiten, persönliche Gegenstände des Nobelpreisträgers sowie eine Vielzahl seiner Jagdtrophäen, Waffen, Fotografien und Bücher.

Unweit des Hauptgebäudes können auch die legendäre **Jacht „Pilar"**, mit der er vor Havannas Küste Jagd auf Raubfische machte, sowie die Grabstätten seiner Hunde besichtigt werden. Ferner kann man sich auf Hemingways **Aussichtsturm** führen lassen. In diesem ist sein Arbeitszimmer mit weiteren Exponaten untergebracht, darunter ein Teleskop, eine Angelausrüstung und eine Schreibmaschine mitsamt einem angeblich noch vom Meister selbst eingespannten Bogen Papier.

Ein **Souvenirshop** gegenüber dem Hauptgebäude vertreibt diverse Andenken und Erfrischungen.

› **Museo Ernest Hemingway,** Calle Vigía, Ecke Steinhart, im Vorort San Francisco de Paula, Tel. 76910809, geöffnet: Mo–Sa 10–16.30 Uhr, mit Eintritt, Guides kosten extra

41 Jardín Botánico Nacional ★

Gegenüber dem 60 Hektar großen Ausstellungsgelände von ExpoCuba betritt man den riesigen Nationalen Botanischen Garten. Die Anlage ist in **zwei Zonen** aufgeteilt – Cuba und *mundial* (international) – und wird von Wegen mit einer Gesamtlänge von 35 Kilometern durchzogen.

Zu den Highlights des 600 Hektar großen Geländes gehören der wunderschöne **Japanische Garten** und das nach dem Botaniker Erik Leonard Eckmann benannte **Gewächshaus** „Invernáculo Rincón Eckmann".

› Carretera del Rocío, geöffnet: tägl. 8–16 Uhr, mit Eintritt (inklusive motorisierter einstündiger Führung auf dem mit Plastiksitzen versehenen Anhänger eines Traktors)

42 Santuario de San Lázaro ★

In der Nähe des zum Stadtbezirk Boyeros gehörenden Dörfchens Rincón befindet sich das Santuario de San Lázaro (Heiligtum des heiligen Lazarus). Bei diesem Wallfahrtsort handelt es sich neben dem Santuario de la Virgen de la Caridad del Cobre bei Santiago de Cuba um die **bedeutendste Pilgerstätte des Landes.** Der heilige Lazarus als Patron der Kranken wird in der Santería (s. S. 25) mit der Gottheit Babalú Ayé assoziiert.

Die in gelb gehaltene **Iglesia de San Lázaro** füllt sich jeden Tag mit Hunderten von Gläubigen aus Havanna und den Provinzen.

Jeden 17. eines Monats findet eine Prozession zum Heiligtum statt. Am 17. Dezember, dem Namenstag ihres Idols, nehmen Tausende Gläubige an der **Procesión de los Milagros** (Prozession der Wunder) teil – ein ergreifendes und unvergessliches Ereignis.

Die Kirche ist täglich geöffnet. Alle Andenkenverkäufer geraten außer Rand und Band, sobald sich dem Areal ausländische – und damit mutmaßlich solvente – Besucher nähern.

› Santuario de San Lázaro, Carretera de San Antonio de los Baños, Facebook-Seite

034hv Abb.: js

Tagesausflüge

Für die hier empfohlenen Tagesausflüge benötigt man ein **eigenes Fahrzeug** (Mietwagen oder gechartertes Taxi) oder ein Ticket für den Bus. Wer mit dem **Bus** reist, sollte mindestens eine Übernachtung am Zielort einplanen. In der Regel ist die An- und Abreise per Fernbus (Víazul, s. S. 108) am empfehlenswertesten. **Wichtig:** In der Hauptsaison mehrere Tage vorher Plätze sichern! Sollte eine Reservierung nicht mehr möglich sein – nicht verzagen: Zum einen kann man sich in die Warteliste eintragen lassen und zum anderen, mit nicht einmal wenig Aussicht auf Erfolg, einfach zur gewünschten Abfahrtszeit am Busterminal einfinden und auf kurzfristig frei gewordene Plätze hoffen.

Auch halten sich in der Nähe der Busbahnhöfe stets *taxistas* auf, die Sie gegen eine angemessene Gage an Ihr Wunschziel bringen werden. Tipp: Teilt man sich so ein **Taxi** mit anderen, kann die Tour pro Person sogar günstiger kommen als die Fahrt mit dem Bus. Das gilt vor allem für Reisende, die geschickt verhandeln und zeitlich so flexibel sind, dass sie warten können, bis das Fahrzeug gut besetzt ist. Die drastische Erhöhung der Kraftstoffpreise im März 2024 hat das Vorankommen in Kuba allerdings weiter verteuert.

In den hier für Ausflüge empfohlenen Orten existieren **Infotur-Büros.**

◁ *In der Nebensaison hat man die Playas del Este für sich allein*

43 Playas del Este ★★★

Das Strandgebiet besteht von West nach Ost aus den Örtchen Tarará, El Megano, Santa Maria del Mar, Boca Ciega und Guanabo, die fast nahtlos ineinander übergehen. Jibacoa, El Abra und Tropico liegen weiter ostwärts jenseits einer kleinen Schlucht. Die auch bei der einheimischen Bevölkerung **beliebtesten Strände** sind diejenigen von **Santa Maria** und **Guanabo**, weshalb es hier an den Wochenenden und vor allem während der kubanischen Sommerferien etwas voller werden kann.

Klares Wasser und feine Sandstrände gibt es überall an den Pla-

MEIN TIPP

Ausflug zu den Cuevas de Bellamar

Havanna- bzw. Varadero-Reisende können eine Besichtigung der spektakulären **Höhlen von Bellamar** mit einem Besuch der nahe gelegenen Provinzhauptstadt **Matanzas** oder des noch kleineren Küstenstädtchens **Cárdenas** zu einem erlebnisreichen Tagesausflug kombinieren.

25 km südwestlich von Varadero (von seinem westlichen Ende gemessen und immer an der kubanischen Nordküste entlang) liegt ca. 5 km vor dem Ortseingang Matanzas der Eingang zu einem grandiosen Höhlensystem, das mit allen Verästelungen über 20 km lang sein soll. Immerhin 3 km davon können in Begleitung eines fachkundigen Führers besichtigt werden. Bei entsprechend hoher Nachfrage finden die Führungen im Stundentakt statt.

- **8 Cuevas de Bellamar,** geöffnet: tägl. 9–17 Uhr, mit Eintritt inkl. ca. 60-minütiger Führung

036hv Abb.: js

yas del Este, mal ist der Sandstreifen breiter, mal schmaler. In Guanabo und Santa Maria findet man deutlich mehr touristische Infrastruktur wie Kioske, Bars etc. als in den anderen Orten. Wassersportgerät kann oft in den größeren Hotels entliehen werden. Wichtig: Sein Hab und Gut lässt man an Havannas Riviera niemals unbeaufsichtigt!

ℹ 9 Infotur Guanabo, Avenida 5ta e/Calles 468 y 470, Tel. 77966868, unregelmäßige Öffnungszeiten

Ein gigantischer Che in Bronze wacht hoch über seinem Mausoleum

44 Santa Clara ★★

Santa Clara hat ca. 210.000 Einwohner, ist Universitätsstadt, die Kapitale der Provinz Villa Clara und das Tor zu Kubas Ostprovinzen.

Che Guevara siegte hier im Dezember 1958 in der entscheidenden Schlacht der Guerilleros gegen das Batista-Regime. Die in Bolivien wieder ausgebuddelten Überreste Guevaras wurden an dessen 30. Todestag 1997 in einem eigens eingerichteten **Mausoleum** bestattet – heute die Top-Sehenswürdigkeit des Ortes. Angeschlossen ist ein **Che-Museum.**

M 10 Monumento y Mausoleo Comandante Ernesto Che Guevara, Plaza de la Revolución, Tel. (0)42205878, Di–So 9–17 Uhr, Eintritt frei. Das Fotografieren ist im Mausoleum verboten!

An der **Iglesia de Carmen** aus dem Jahr 1748 an der gleichnamigen Plaza sind noch die Einschusslöcher der Gewehre zu sehen, die als Antwort auf Che Guevaras Sturmangriff von der Polizeiwache auf der gegenüberliegenden Straßenseite abgefeuert wurden.

Der stets belebte **Parque Vidal** im Stadtzentrum ist nach dem Nationalhelden General Leoncio Vidal (1864–1896) benannt. Bei dem wenig einladenden Betonturm an der Südwestseite des Platzes handelt es sich um das Hotel Santa Clara Libre.

ℹ 11 Infotur Santa Clara, Calle Cuba No. 66, e/Candelaria y E. Machado, Santa Clara, Tel. (0)42227557

H 12 Casa Sheila €, Calle Toscano (Pons y Naranjo) No. 66 e/Independencia y Real, Tel. (0)42215935, Mobil (0)52827766, http://hostaljorgesheila.yolasite.com. Die Casa Particular bietet zwei zentrumsnahe Unterkünfte und Sheila ist für überragende Kochkünste bekannt. Highlight des Innenhofs ist ein kleiner Pool.

Wie Ernesto Guevara zu „El Che“ wurde

Ernesto Guevara Serna wurde 1928 in Rosario, Argentinien, geboren und wuchs in bürgerlichen Verhältnissen auf. Während und nach seinem Medizinstudium bereiste er ganz Lateinamerika. Das Elend, auf das er vielerorts stieß, erschütterte ihn nachhaltig, und er fasste den Entschluss, für eine gerechtere Welt zu kämpfen. 1955 schloss er sich in Mexiko Fidel Castro und dessen Mitstreitern an. Diese gaben ihm wegen des für Argentinier typischen Satzbausteins „che“ (etwa: „sag bloß“, aber auch: „Kumpel“) den Spitznamen „El Che“. Als Kommandant der Rebellentruppen, die 1958 von Osten her Santa Clara 44 einnahmen, trug er entscheidend zum militärischen Sieg der Revolution bei.

1959 erhielt Guevara die kubanische Staatsbürgerschaft und wirkte bei der Durchführung von Wirtschaftsreformen mit. Sein eigentliches Ziel jedoch war die Schaffung eines „neuen“, selbstlosen Menschen („hombre nuevo“). Auf zahlreichen Auslandsreisen propagierte er unermüdlich seine Vision von einer gerechteren Welt und warb für die Werte der kubanischen Revolution. Kritiker heben seine weniger einnehmliche Rolle bei der – aus Sicht der Rebellen – Verteidigung der Revolution hervor: Einrichtung von Arbeitslagern, Folter und standrechtliche Erschießungen.

Im Jahr 1966 begab sich Guevara in dem Glauben, aus den Anden eine Hochburg der internationalen Revolution machen zu können, nach Südamerika. Getreu seiner Doktrin von einem erfolgreichen Umsturz durch die „Einnahme der Stadt vom Land her“ errichteten er und seine Mitstreiter im November 1966 in den bolivianischen Wäldern einen ersten Stützpunkt. Am 8. Oktober 1967 wurde er von der bolivianischen Armee gefangen genommen und einen Tag später erschossen. Erst dreißig Jahre später wurden Guevaras sterbliche Überreste nach Kuba überführt und in Santa Clara beigesetzt.

Che Guevara gilt vielen als Personifizierung des wahrhaftigen und unbestechlichen Freiheitskämpfers, der bereit ist, sich für die Unterdrückten der Welt einer unüberwindlich scheinenden Übermacht entgegenzustellen. Das anlässlich eines Begräbnisses von Alberto Korda geschossene Foto, das ihn mit langen Haaren und sternverziertem Barett zeigt, ist vielleicht das am weitesten verbreitete Porträt eines Menschen überhaupt.

100hv

Che (links) und Fidel im Jahr 1959

051hv Abb.: js

45 Viñales ★★★

Das Valle (Tal) de Viñales gilt vielen als **bezauberndste Landschaft Kubas.** Es liegt in der **Sierra de los Órganos** (Orgelgebirge). *Mogotes* genannte, hoch aufragende Felskegel begeistern alle Fans seltener Naturwunder. Rote, fruchtbare Erde bedeckt die Felder *(vegas),* auf denen der **beste Tabak der Welt** wächst. Unweit des Hauptortes Viñales gibt es eine Reihe von weitläufigen **Höhlen,** die für geführte Besichtigungen erschlossen sind, darunter die **Cueva del Indio** als wohl bekannteste.

Der architektonische Höhepunkt des Städtchens ist der **Parque Martí** genannte Hauptplatz mit der Iglesia del Sagrado Corazón de Jesús. Naturfreunde gönnen sich den ein oder anderen Spaziergang bzw. Ausritt durch das beschauliche Tal von Viñales.

- **13 Infotur Viñales,** Salvador Cisneros No. 63B, Viñales, Tel. (0)48796263
- **14 Villa Nereyda Iañez Jiménez** €, Pasaje Camilo Cienfuegos No. 32, Tel. (0)48696811, Mobil (0)53103112. Zwei Zimmer in einem gelben Häuschen mit Kolonnadenvordach.

Die beliebtesten Hotels in der näheren Umgebung sind die folgenden beiden Anlagen:

- **15 La Ermita** €€, Tel. (0)48796071 und
- **16 Los Jazmines** €€, Tel. (0)48796210, (0)48796205. Beide bieten Freiluft-Swimmingpools und atemberaubende Panoramablicke über das Tal von Viñales.

Das Tal von Viñales gilt nicht ohne Grund als eine der schönsten Gegenden Kubas

HAVANNA ERLEBEN

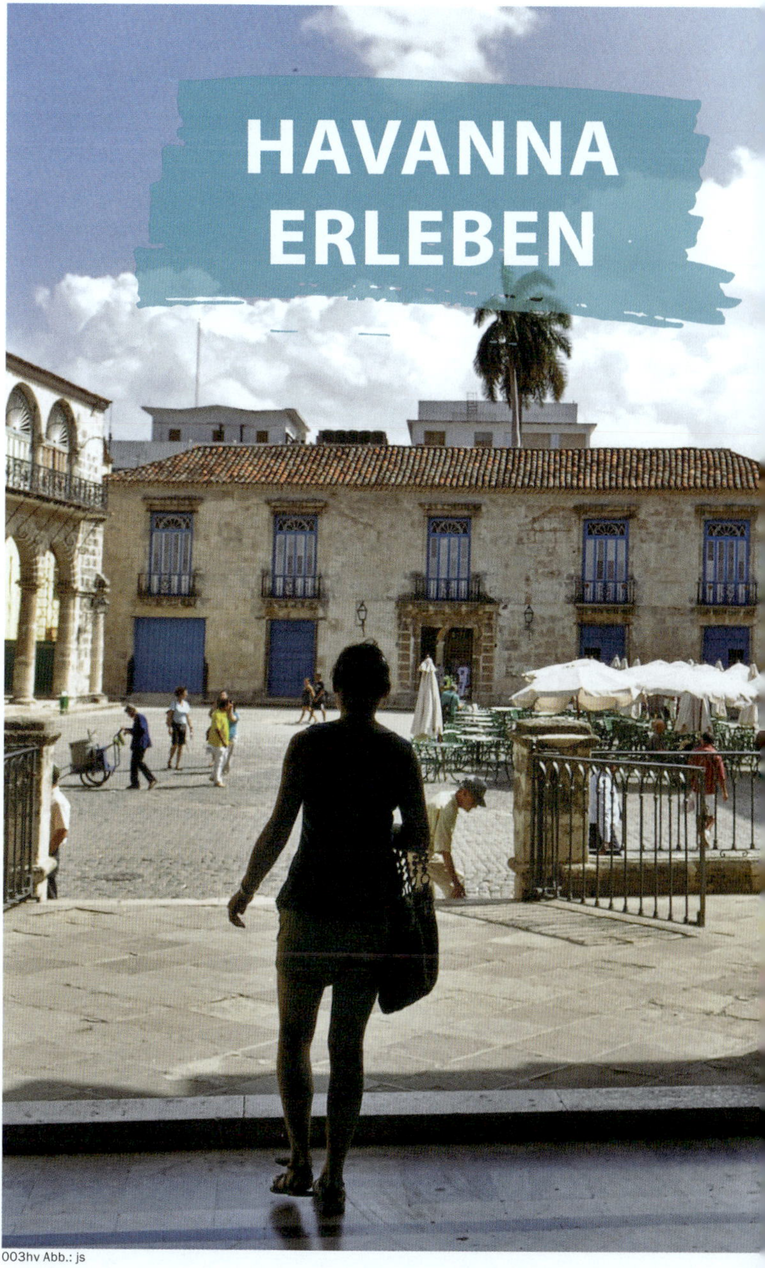

003hv Abb.: js

Havanna für Kunst- und Museumsfreunde

Museen

Stolz verweisen die *Habaneros* auf eine beachtliche Zahl von (teils recht originellen) Museen. Achtung: Vor allem kleinere sind an mindestens einem Tag in der Woche geschlossen (oft montags). Sofern Museen sonntags geöffnet haben, gelten häufig verkürzte Öffnungszeiten. Die größeren Museen Havannas bieten Führungen in spanischer Sprache, manchmal auch auf Englisch.

Der **Eintrittspreis** ist seit der letzten Währungsreform grundsätzlich in Pesos zu entrichten. Da sich derzeit (Anfang 2024) Eintrittspreise sehr häufig ändern, wird im folgenden lediglich zwischen Museen mit freiem Eintritt und solchen, die Eintritt kosten, unterschieden. Grundsätzlich gilt, dass der Zugang zu kostenpflichtigen Museen und anderen Sehenswürdigkeiten umgerechnet in der Regel mit einem (meist niedrigen) einstelligen Eurobetrag zu Buche schlägt. Es kommt vor, dass für das Privileg, Fotos oder Videos aufzunehmen, eine zusätzliche Gebühr verlangt wird.

Habana Vieja

M17 [C3] **Casa de África,** Obrapía No. 157, Tel. 78615798, Eintritt frei. Ausstellung zu Afrika, die u. a. das Thema Sklaverei behandelt.

M18 [C3] **Casa de la Obra Pía,** Obrapía No. 158, Tel. 78613097, Eintritt frei. Das Museum zeigt eine Wohnung aus der Kolonialzeit. Zu den eindrucksvollsten Exponaten zählen Skulpturen und Porzellan.

Vorseite: Blick aus der Kathedrale auf die Plaza de la Catedral 6

M19 [C3] **Casa del Benemérito de las Américas Benito Juárez**, 116, Obrapía, Tel. 78618166, Di–Sa 9.30–17, So 9.30–13 Uhr, Eintritt frei. Ausstellung zu Kunsthandwerk und anderen Kulturleistungen Mexikos.

M20 [C3] **Casa-Museo del Libertador Simón Bolívar (Befreier Simón Bolívar),** Mercaderes No. 156 e/Lamparilla y Obrapía, Tel. 78613988, Di–Sa 9.30–17, So 9.30–13 Uhr, Eintritt frei. In drei Räumen wird das Leben des Befreiers Lateinamerikas reflektiert.

M21 [B6] **Casa Natal de José Martí (Geburtshaus José Martís),** Leónor Pérez No. 314 e/Picota y Egido (Avenida de Bélgica), Tel. 78613778, Di–Sa 9.30–17, So 9.30–13 Uhr, mit Eintritt, Guides extra. Der „Apostel der kubanischen Unabhängigkeit" (s. S. 37) wurde 1853 in diesem Haus geboren. Ausgestellt sind Hausrat, Dokumente, Fotos und Auszüge aus seinen Schriften.

M22 [C3] **Gabinete de Arqueología,** Tacón No. 12 e/O'Reilly y Empedrado, Tel. 78614469, Di–Sa 9–17, So 9–13 Uhr, Eintritt frei. Man entdeckt eine relativ überschaubare Anzahl präkolumbianischer und frühkolonialer Artefakte – und einen ausgestopften großen Vogel.

M23 [C3] **Maqueta del Centro Histórico,** Mercaderes No. 114 e/Obispo y Obrapía, Tel. 78664425, mit Eintritt, **derzeit (Anfang 2024) geschlossen.** Faszinierende Miniaturdarstellung von Havannas Altstadt im Maßstab 1 : 1500.

M24 [B2] **Memorial Granma,** Refugio No. 1 e/Monserrate y Zulueta, Tel. 78624091, tägl. 10–17 Uhr. Zwischen dem Museo de la Revolución und dem Palacio de Bellas Artes bestaunt man (als Teil des ersteren) jene kleine Jacht, mit der sich die Revolutionäre 1956 nach Kuba einschifften.

25 [D4] **Museo Casa Alejandro de Humboldt,** Oficios No. 254, Ecke Muralla, Facebook-Seite, Eintritt frei. Das zu Ehren des großen Naturforschers Alexander von Humboldt (1769–1859) eingerichtete kleine Museum befindet sich in einem Gebäude aus der Kolonialzeit mit Innenhof. Humboldt hielt sich zu Beginn des 20. Jh. zweimal in Havanna auf (s. S. 22). Man besichtigt Exponate mit Bezug zur Naturkunde, darunter Tierskelette, ausgestopfte Tiere und ein altes Teleskop. Ein Teil der Ausstellungsfläche war Anfang 2024 zwecks Sanierung vorübergehend geschlossen.

26 [C3] **Museo Casa de Asia,** Mercaderes No. 111 e/Obispo y Obrapía, Tel. 78639740, Di–Sa 9.30–17.30, So 9–12.30 Uhr, Eintritt frei. Das Glanzlicht des kleinen Asienmuseums ist ein Marmormodell des indischen Taj Mahal. Im oberen Geschoss besichtigt man fernöstlichen Schmuck und Waffen. Auch einen hübschen Bonsai-Garten gibt es zu bestaunen.

27 [C3] **Museo de Arte Colonial,** San Ignacio No. 61, Ecke Plaza de la Catedral, Tel. 78626440, Di–Sa 9.30–17, So 9.30–13 Uhr, mit Eintritt. Der restaurierte spanische Palast Casa del Conde de Bayona beherbergt eine Ausstellung von für die Kolonialzeit typischen Gebrauchsgegenständen wie Möbel und Hausrat.

28 [D3] **Museo de la Ciudad de La Habana (Stadtmuseum),** Palacio de los Capitanes Generales, Tacón No. 1 e/Obispo y O'Reilly, Tel. 78612876, 78615001, tägl. 9.30–18.30 Uhr, mit Eintritt, (Audio-)Guide extra. Das Museum befindet sich im früheren Palast der spanischen Gouverneure und ist weniger ein Museum zur Stadtgeschichte als zur Kolonialgeschichte Kubas. Neben Möbeln, Porzellan und Hausrat aus dem 18. und 19. Jahrhundert geben die Sammlungen auch einen Einblick in markante Ereignisse des nationalen Unabhängigkeitskampfes.

2 [B2] **Museo de la Revolución.** Tausende Ausstellungsstücke auf drei Stockwerken erinnern an die Freiheitskämpfe der Kubaner (s. S. 12).

29 [C4] **Museo del Automóvil „El Garaje",** San Ignacio No. 305–309/Teniente Rey y Amargura, Tel. 78018159, Facebook-

Eingang zum Künstleratelier Proyecto Comunitario de Arte José Martí (s. S. 56)

Seite. Nach Baujahr sortierte Autos aus dem letzten Jh. in Reih und Glied.

18 [A5] **Museo de los Orichas.** Exponate rund um den Santería-Kult, insbesondere mit 32 lebensgroßen Santería-Gottheiten (s. Exkurs S. 25). Szenische Darstellungen der wichtigsten Santería-Gottheiten (Orishas) und Kultgegenstände aus Westafrika, wo die Wurzeln dieser archaischen Religion liegen (s. S. 26).

14 [D4] **Museo del Ron.** In einem umgebauten Kolonialgebäude werden Besucher in 13 Etappen über die Einzelheiten der Rumherstellung informiert. Am Ende der Führungen gibt es eine Rumprobe mit den bekanntesten Rumsorten (s. S. 23).

30 [C4] **Museo de Naipes,** Muralla No. 101, Ecke Mercaderes, Tel. 78601534, Di–Sa 9.30–17, So 9.30–13 Uhr, Eintritt frei. Wie der Name vermuten lässt, drehen sich die Exponate hauptsächlich um das Thema Kartenspiele.

31 [C3] **Museo de Pintura Mural,** Obispo No. 119 e/Mercaderes y Oficios, Tel. 78642354, Di–Sa 9.30–17, So 9.30–13 Uhr, Eintritt frei. In einem der ältesten Gebäude der Stadt sind restaurierte Wandfliesen und eine zweirädrige Kutsche zu besichtigen.

129hv Abb.: js

4 [B3] **Museo Nacional de Bellas Artes.** Wertvolle Kunst aus Kuba und dem Rest der Welt wurde auf zwei Gebäude im Westen der Altstadt verteilt (s. S. 13).

32 [C3] **Museo Numismático,** Obispo No. 305 e/Habana y Aguiar, Tel. 78615811, Di–Sa 9.30–17, So 9.30–12.45 Uhr, mit Eintritt. Ständige Ausstellung von Zahlungsmitteln der Kolonialzeit bis zur Gegenwart, ferner Medaillen und Lotteriescheine.

Centro Habana

33 [gI] **Museo Fragua Martiana,** Principe No. 108, Ecke Hospital, Tel. 78707338, Mo–Fr 9.30–13 und 14–16.30, Sa 9.30–12 Uhr, Eintritt frei. In der wörtlich übersetzten „Martianischen Schmiede" wird einmal mehr die Verehrung des Nationalhelden José Martí (s. S. 37) betrieben.

Vedado

34 [fI] **Museo Antropológico Montané,** San Lazaro, Ecke Calle L, Tel. 78793488, geöffnet: Mo–Fr 10–12 und 13–16 Uhr, Eintritt frei. Die bereits 1903 gegründete Einrichtung der Universität Havanna zeigt eine Sammlung präkolumbianischer Funde.

35 [en] **Museo José Martí,** Plaza de la Revolución e/Avenidas Céspedes y Rancho Boyeros, Tel. 78592335, Mo–Sa 9–16.30 Uhr. Das Museum ist als Teil des Komplexes **Monumento y Museo José Martí** dem Leben und Wirken von Kubas 1895 im dritten Unabhängigkeitskrieg gefallenen Nationalhelden Numero Uno gewidmet. Gestaffelte Eintrittspreise: nur Zutritt zum Gelände des Monuments bzw. inkl. Zugang zum Museum bzw. inkl. Museum und Aussichtsplattform.

Im Museo del Automóvil „El Garaje" (s. S. 53) bestaunt man automobile Schätze

M 36 [el] **Museo Nacional de Artes Decorativas,** Calle 17 No. 502 e/Calles D y E, Tel. 78320924, 78309848, Di–Sa 11–17, So 9–13 Uhr, mit Eintritt, Guides kosten extra. Sammlung von Kunsthandwerk: Möbel, Keramiken, Porzellan und Glas aus Frankreich, Japan und China des 18. und 19. Jh. und thematisch wechselnde Ausstellungen zur kubanischen Volkskunst.

29 [fl] **Museo Napoleónico.** Kuriositätensammlung von Napoleonica, Möbeln, Waffen und Kunstgegenständen aus dem ausgehenden 18. und frühen 19. Jahrhundert (s. S. 36).

M 37 [fm] **Museo Postal Cubano,** Avenida Rancho Boyeros, Ecke 19 de Mayo, mit Eintritt. **Derzeit (2024) geschlossen.** Die Sammlung umfasst Briefmarken aus 80 Nationen einschließlich kubanischer Emissionen und eine Ausstellung zu Ursprung und Entwicklung des kubanischen Postwesens.

Miramar

34 [am] **Maqueta de La Habana.** Sehenswertes Miniaturmodell der Stadt (s. S. 41).

Vororte

40 **Museo Ernest Hemingway in der Finca Vigía.** Seit „Hem“ sein Domizil auf Kuba 1960 zum letzten Mal verließ, wurde hier nichts verändert. Für Fans ein Muss (s. S. 45).

Kunstgalerien

Gemälde und andere Erzeugnisse der bildenden Kunst werden in unzähligen Galerien *(galerías),* auf Kunstmärkten und manchmal auch einfach auf der Straße oder in Privathäusern zum Kauf angeboten. Kleinere Bilder mit in meist eher schlichtem Stil gemalten kubanischen Motiven (ab umgerechnet ca. 20 €) wird man meist ohne Probleme durch den kubanischen Zoll bekommen. Für „richtige“ Kunstwerke, die umgerechnet leicht drei- oder vierstellige Eurobeträge kosten können, ist eine *autorización de exportación,* also eine **Ausfuhrgenehmigung,** erforderlich. Diese besteht aus einem nummerierten Formblatt mit Stempel und Unterschrift sowie einer ebenfalls nummerierten Marke, die auf die Rückseite des Gemäldes bzw. die Unterseite der Skulptur geklebt wird. (Die Galerien sind bei den Formalitäten gern behilflich.)

Die geschäftige Kunstszene Havannas hat eine bemerkenswerte Zahl an **Kunstgalerien** hervorgebracht. Diese werden von staatlichen Organisationen betrieben und bieten neben festen und Wanderausstellungen auch Kunst zum Kaufen: Gemälde, Keramiken, Silber- und Korallenschmuck, Lampen, Holzschnitzereien, Kreationen aus Pappmaché usw. Die meis-

Filmtipps

- **Juan of the Dead (2011):** Kubas erste Zombie-Komödie setzt auf schwarzen Humor und wagt gesellschaftskritische Untertöne.
- **7 Tage in Havanna (2012):** Benicio del Toro und sechs weitere Regisseure porträtieren die Kapitale in sieben Episoden. Daniel Brühl überzeugt in der Rolle eines verliebten spanischen Touristen!
- **Havana Moon (2016):** Knapp zweistündiger, am 25. März 2016 in Havanna aufgenommener Konzertfilm der Rolling Stones.
- **Fast & Furious 8 (2017)** beginnt mit einem spektakulären Wettrennen durch das moderne Havanna. Gegner von „Dom“ Toretto ist dabei kein geringerer als Reggaetón-Superstar Don Omar.

ten Galerien haben mindestens 10–16 Uhr geöffnet, während der touristischen Hauptsaison im Sommer auch länger, am Wochenende manchmal (sehr) verkürzt.

- **38** [C3] **Centro de Arte Contemporáneo Wifredo Lam,** San Ignacio No. 22, Ecke Empedrado, Plaza de la Catedral, Habana Vieja, Tel. 78612096, www.wlam.cult.cu. Souvenirverkauf tägl. 10–18 Uhr.
- **39** [C4] **Centro de Desarrollo de las Artes Visuales,** Casa de las Hermanas Cárdenas, San Ignacio No. 352, Ecke Teniente Rey, Habana Vieja, Tel. 78622611. Der Schwerpunkt liegt auf experimenteller Kunst.
- **40** [ek] **Galería Habana,** Línea No. 460 e/Calles E y F, Vedado, Tel. 78327101. Auch Nachwuchskünstler bekommen hier eine Chance.
- **41** [A3] **Proyecto Comunitario de Arte José Martí,** Paseo de Martí (Prado) No. 354 e/Neptuno y Virtudes. Werke junger Maler, Grafiker, Fotografen etc. in denkbar schlichtem, ein wenig „garagenartigem" Ambiente.
- **42** [C3] **Taller Experimental de Gráfica,** Callejón del Chorro No. 62, Plaza de la Catedral, Tel. 78646013. Für Fans kubanischen Grafikdesigns eine der ersten Adressen.

Kunst unter freiem Himmel

Wer die Calle 23 (La Rampa) vom Malecón kommend hinaufspaziert, trifft an der Ecke zur Calle M links auf Vedados **bekanntesten Freiluft-Kunsthandwerkermarkt „La fería de 23".** Schnäppchenjäger haben es dort schwer, da die Verkäufer ausländischen Touristen gute Kaufkraft unterstellen. Feilschen schadet also nicht!

In vielen Publikationen zu Havanna wird ein ziemlicher Bohai um den in Centro Habana unweit des *Hospital Hermanos Ameijeiras* gelegenen **„Callejón de Hamel"** [gl] (e/Hospital y Aramburu) gemacht. Tatsächlich handelt es sich bei diesem kurzen, mit farbenfrohen Graffitis verzierten Gässchen nicht (mehr) wirklich um einen bezaubernden Hotspot afrikanischer Kultur und Kulte, sondern eher um eine Zone besonders geschäftstüchtiger Galeristen und Schlepper. Für Freunde afrokubanischer Klänge lohnt sich trotzdem ein Besuch der öffentlichen Rumba-Session, die dort so gut wie jeden Sonntagmittag beginnt und einige Stunden dauert.

016hv Abb.: js

Havanna für Genießer

Essen und Trinken

010hv Abb.: js

Die **kubanische Küche** ist, analog zur örtlichen ethnischen Zusammensetzung, aus einer Mischung von präkolumbianischen, spanischen, afrikanischen und chinesischen Einflüssen entstanden. Über den Umweg Haiti hatten ferner die Franzosen einen gewissen Einfluss.

Der von chinesischen Plantagenarbeitern Mitte des 18. Jahrhunderts mitgebrachte **Reis** ist Grundnahrungsmittel Nummer eins und darf ebenso wie **Bohnen** bei keinem nationalen Gericht fehlen. Die Kubaner bezeichnen ihre von vergleichsweise schlichten und deftigen Speisen dominierte Kochkunst stolz als „kreolische Küche" *(cocina criolla)*.

Die Revolution von 1959 wirkte sich auch auf die Essgewohnheiten aus: Die „Haute cuisine" des Bürgertums galt lange Zeit als dekadent. Heutzutage bekommt jeder Feinschmecker, der es sich leisten kann, in den auf solventes internationales Publikum ausgerichteten Restaurants wieder alles, was sein Herz begehrt.

Typische kreolische Speisen

Beliebte **Vorspeisen** sind Krabbensuppe, *sopa de camarones,* und Krebssalat, *enchilada de cangrejos. Ajiaco* ist eine kräftige, cremige Suppe, von der es heißt, dass sie Tote aufwecke. Fast so dick wie Mus, enthält sie alle möglichen Knollen und Früchte der Insel, die miteinander vermengt auf kleiner Flamme gekocht werden. Überhaupt ist das Vermischen eine der kennzeichnenden Eigenheiten der kubanischen Küche, quasi analog zum Durch- und Miteinander der vielen auf Kuba vertretenen Ethnien.

Das weitestverbreitete **Hauptgericht** nennt sich *criollo* und besteht aus Reis *(arroz)*, Bohnen *(frijoles)*, Schweinefleisch *(carne de cerdo)* und Maniok *(yuca)*. Weitere typische Kreationen sind *arroz congrí,* ein Essen, das auch auf weißem Reis und bunten Bohnen basiert, und die Variante *moros y cristianos* (wörtlich: Mohren und Christen) mit schwarzen Bohnen, die Islam und Christentum auf dem Teller Frieden schließen lässt.

☒ *Kunst im öffentlichen Raum*

„Alimenta mucho!" – „Macht dich pappsatt!"

Kubanischer Schweinebraten, *lechón asado,* wird gerne an Festtagen serviert. Sehr verbreitet ist Reis mit Hühnchen *(arroz con pollo),* ein Gericht, das ein wenig unter seinem Image als Arme-Leute-Essen leidet. Kreolisches Huhn wird mit einer Sauce *(salsa)* aus Tomaten *(tomate),* Zwiebeln *(cebolla)* und Knoblauch *(ajo)* zubereitet. Als Beilage findet häufig Mais *(maíz)* Verwendung. Ebenfalls sehr beliebt sind gegrilltes Hähnchen *(pollo asado),* Schweinehack *(picadillo)* und Spiegelei *(huevo frito).* Eintopf *(ajicao)* mit Schweinefleisch, Süßkartoffeln, Maniok, Ajipfeffer und Knoblauch wird vor allem in den Provinzen sehr geschätzt.

Eines der wenigen typischen **Fischgerichte** heißt *pescado en escabeche* (marinierter Fisch), bei dem vorzugsweise auf Sägefisch *(pez sierra)* zurückgegriffen wird. Ferner lieben Kubaner Langusten *(langostas),* aber die wenigsten können sich regelmäßig welche leisten.

Mein Tipp

Wo Habaneros dinieren

In den touristisch relevanten Stadtteilen gibt es nur wenige preisgünstige Peso-Cubano-Restaurants mit „Wohnzimmer-Charme". Vor allem mittags lassen sich dort *Habaneros* mit etwas höherem Einkommen Sandwiches und schlichte Mahlzeiten für umgerechnet ab ca. 3–8 € schmecken. Ausländer sind in diesen Lokalen eher seltene Gäste. Tipp:

43 [A2] **Donde Adrian** €, Consulado No. 101, Ecke Refugio, Tel. 78648122, Mo–Sa 8.30–23 Uhr. Hier werden einfache, kräftige Gerichte mit Fleisch oder Fisch, Beilagen und Salat für umgerechnet ab 3 € serviert, auch zum Mitnehmen.

Viandas ist der Oberbegriff für eine ganze Reihe von stärkereichen Knollengewächsen, die Kubanern als **Beilage** dienen: Kochbananen *(plátano),* Kartoffeln *(papa),* Süßkartoffeln *(boniato),* Yucca *(yuca)* und Taro. Diese ersetzen, gekocht oder frittiert, mancherorts auch heute noch das Brot. In vielen Gerichten spielt das leicht zu verarbeitende Maismehl *(harina de maíz)* eine Rolle. Gekochten Bananenbrei mit Salz nennt man *fufú de plátano/boniato,* zerstampfte Kochbananen *tachino.* Köstlich sind auch gebratene, fein geschnittene Kochbananen *(chicharrita).* Die fingerdicke Version heißt *tostones.* Stilecht zubereitet werden diese erst angebraten, dann in Packpapier eingewickelt und, bevor man sie durchgart, mit der Faust kraftvoll geplättet. Nicht jedermanns Sache sind die landestypischen Speckgrieben *(chicharrónes).*

Beliebte **Nachspeisen** sind Pudding mit Karamell- *(flan)* oder Vanillegeschmack *(natilla),* Bananen mit Zimt und fettiges Zuckergebäck *(churros).* Das oft hervorragende Speiseeis kennt viele verschiedene Geschmacksrichtungen und wird unter anderem in den **„coppelias"** genannten Eisdielen verkauft.

Aufgrund seiner geografischen und klimatischen Lage herrscht auf Kuba kein Mangel an **tropischen Früchten:** Ananas *(piña),* Grapefruits *(pomelo),* Guaven *(guayaba),* Kokosnüsse *(coco),* Orangen *(naranja),* Zitronen *(limón),* Mangos *(mango)* und Papayas, um nur einige zu nennen. Letztere sollte man auf Kuba lieber *fruta bomba* nennen, denn *papaya* ist eine sehr gebräuchliche zotige Bezeichnung für den weiblichen Intimbereich.

Wichtig: Kubanisches **Leitungswasser** sollte man unbedingt meiden.

Hervorhebenswerte Lokale

Auf Kuba gibt es zwei Arten von Restaurants, nämlich staatlicherseits betriebene und von Privaten geführte. Letztere nennen sich **„paladares"** (wörtlich: Geschmackssinn, Gaumen) und sind trotz der aktuellen Wirtschaftskrise relativ zahlreich. Als sich Privatrestaurants in den 2000er-Jahren langsam etablierten, schwangen hier tatsächlich noch waschechte kubanische „Omas" mit jahrzehntelanger Erfahrung in der hohen Kunst des Backens und Bratens den Kochlöffel. Inzwischen handelt es sich oft um betriebswirtschaftlich geführte Unternehmen mit Angestellten, Steuerpflicht, Bilanzführung usw.

Einfache Speisen sind hier derzeit für umgerechnet (deutlich) unter 10 € zu haben. Edlere, z. B. Langusten-Gerichte, kosten immer noch wesentlich weniger als in Europa. In aller Regel werden auch Cocktails kredenzt. **Reservieren** ist v. a. für die Abendstunden sehr empfehlenswert.

Ferner verfügt **jedes bessere Hotel** über ein Restaurant, wo in aller Regel auch Gäste bewirtet werden, die nicht im Hotel logieren. Als besonders exquisit und dementsprechend kostenintensiv gilt das im **Hotel Parque Central** (s. S. 133) untergebrachte Lokal.

Kubanische (kreolische) Speisen fehlen auf keiner Speisekarte. **Trinkgeld** ist üblich und wird von der Bedienung auch erwartet. Man rundet einfach auf und bewegt sich dabei tendenziell im Bereich von 10 Prozent des Rechnungsbetrages.

Im Folgenden eine kleine, nach Stadtteilen sortierte Auswahl an empfehlenswerten Paladares und Restaurants. Sofern es sich um einen **Paladar** handelt, findet dies in der jeweiligen Kurzbeschreibung Erwähnung.

Preiskategorien

€	bis 10 €
€€	bis 20 €
€€€	über 20 €

(jeweils für eine Hauptmahlzeit)

Habana Vieja

44 [D6] **Cervecería Antiguo Almacén de la Madera y El Tabaco** €-€€, Avenida del Puerto, Ecke San Pedro, Tel. 78647780. Die riesige Bierhalle in einem ehemaligen Lagergebäude hilft mit, die Hafenpromenade der südlichen Altstadt aufzuwerten. Brautechnik aus Österreich, oft schöne Liveacts.

45 [C4] **Factoría La Muralla** €-€€, San Ignacio, Ecke Muralla, Tel. 78664453, tägl. 12–24 Uhr. An der Südwestecke der Plaza Vieja geht es deftig zu. Das Bier wird in den Varianten *clara* (hell), *oscura* (dunkel) und *negra* (schwarz) im hinteren Teil des Gebäudes gebraut. Besonders Durstige ordern eine 3-Liter-Röhre *(un metro)*, gesalzene Snacks inklusive. Auch Fastfood wie Burger steht auf der Speisekarte.

46 [B4] **Hanoi** €-€€, Teniente Rey, Ecke Bernaza, Tel. 78671029. Nicht vom Namen verwirren lassen! In diesem alteingesessenen Restaurant an der Plaza del Santo Cristo del Buen Viaje werden nicht fernöstliche, sondern kubanische Spezialitäten, darunter reichlich Seafood, aufgetragen.

47 [B3] **Ivan Chef Justo** €€-€€€, Aguacate No. 9, Ecke Chacón, Tel. 7863967, Mobil (0)52583627, Facebook-Seite. Inzwischen eine Institution! In Ivans originell dekoriertem, viel gelobten Lokal mitten in der historischen Altstadt kehren auch Prominente gerne ein. Die besonders exklusive kleine Dachterrasse ist oft mit sehr langem Vorlauf ausgebucht.

48 [D3] **La Barca** €-€€, Avenida del Puerto, Ecke Obispo, Tel. 78668807. Kreolische Küche in stilvollem Ambiente. Das Restaurant **El Templete** (Tel. 78647777) gleich daneben ist ebenfalls empfehlenswert, aber etwas teurer. Beide bieten eine schöne Aussicht auf die Estatua El Cristo de La Habana und werden von der Tourismus-Gesellschaft Habaguanex betrieben.

49 [C3] **La Torre de Marfil** €€, Mercaderes e/Obispo y Obrapía, Tel. 78671038. Den eleganten „Elfenbeinturm" besucht man wegen des relativ günstigen Essens.

50 [D3] **Los Marinos** €-€€, Avenida del Puerto e/Jústiz y Obrapía, Tel. 78671402, Facebook-Seite. Das Restaurant ist in der Form eines Schiffes in die Hafenbucht hineingebaut. Mit Rundumblick auf die Bahía de La Habana speist man deftige kubanische Gerichte oder Meeresfrüchte, wahlweise drinnen oder draußen.

Meine Tipps

Lecker vegetarisch

Natürlich bekommt man in jedem Restaurant und jedem Paladar auch fleischlose Speisen. In einfacheren Lokalen wird es sich dabei jedoch oft schlicht um ein kubanisches Standard-Gericht handeln, bei dem das Fleisch weggelassen wird. Aus der Perspektive der vielen Kubaner, die sich nicht (freiwillig) vegetarisch ernähren, vertilgt man also „nur" Beilagen.

Fastfood

Ketten wie **El Rápido, PAN.COM** und **Ditú** bieten Fritten, Sandwiches, Hamburger, Hühnchen, Mikrowellen-Pizza und Ähnliches. Die Qualität heimischen Fastfoods sollte man nicht unbedingt erwarten. Der eine oder andere Imbiss ist fast rund um die Uhr geöffnet. Die beliebteste **Eisdielenkette** nennt ihre Läden **BimBom.** Imbiss mit Kultstatus:

56 [cm] **La Pachanga** €, Calle 28 e/ Calles 21 y 23, Vedado, Facebook-Seite. Kubanisches und mexikanisches Fastfood in der Nähe des Cementerio Colón (31).

Die berühmten Lokale in der näheren Umgebung der Kreuzung Obispo (10) und Oficios (11) unweit der Plaza de Armas (8), darunter das Restaurant **La Mina**, bieten einen professionellen Service und zusätzlich hervorragende Gerichte, sind aber vergleichsweise teuer. Dasselbe gilt für **El Patio** an der Plaza de la Catedral und ganz besonders für **La Bodeguita del Medio** (s. S. 66) und **El Floridita** (s. S. 66) sowie für das **Café del Oriente** an der Plaza de San Francisco.

51 [D4] **Café del Oriente** €€€, Oficios No. 112, Ecke Amargura, Tel. 78606686. Berühmter Gourmet-Tempel mit erstaunlich guter Weinkarte. Angegliederte Café-Bar im Stile der Zeit um 1900.

52 [C3] **El Patio** €€€, San Ignacio No. 54, Plaza de la Catedral, Tel. 78671034, 78671035. Efeuumrankter Innenhof und einige Tische mit Blick auf die Kathedrale gleich daneben. Kubanische und internationale Speisen.

53 [D3] **La Mina** €€, Obispo No. 109, Ecke Oficios, Tel. 78620216. An Tischen im kolonialen Hof und auch im Freien werden vorwiegend kreolische (kubanische) Gerichte aufgetragen.

Centro Habana

54 [hl] **Castas y tal** €€, Avenida de Italia (Galiano) No. 51, Ecke San Lazaro, Tel. 78642177, Facebook-Seite. Kubanische Kost zu vernünftigen Preisen. Auch einige Tische im Freien. Guter Service und leckere Cocktails, z. B. der „Daiquiri y tal".

55 [hl] **La Guarida** €€, Concordia No. 418 e/Gervasio y Escobar 418 (3. Stock), Tel. 78669047. Im wohl berühmtesten Pala-

dar Havannas wurden einige Szenen des Films „Erdbeer und Schokolade" gedreht. Man speist in kolonialem Ambiente. Reservierung unbedingt erforderlich!

57 [hm] **Sociedad Chang** €€, San Nicolás No. 517 e/Zanja y Dragones, Facebook-Seite, Tel. 78621490, 78603160. Das auch bei Einheimischen recht populäre Lokal liegt im *barrio chino* (Chinesenviertel, s. S. 30) und bietet kubanische, chinesische und italienische Kost. Eine Spezialität des Hauses ist die mit Paprika, Schinken, Shrimps, Thunfisch und Käse belegte „Pizza Chang". Gegründet wurde die „Sociedad Chang Weng Chung Tong" als Gesellschaft („Verein") von in früheren Epochen nach Kuba eingewanderten Chinesen.

Vedado

58 [cl] **„1830"** €€, Malecón No. 1252, Ecke Calle 22, Tel. 78383090/92. Kurz vor den Tunnels nach Miramar speist man in eleganter Atmosphäre mit Meerblick. Piano-Bar im selben Gebäude. In den angeschlossenen Jardines del „1830" finden Abendveranstaltungen statt.

59 [dk] **Atelier** €, Calle 5 No. 511 e/ Paseo y Calle 2, Tel. 78362025. Köstliche kubanische Speisen in einem Paladar mit tollem Ambiente und großzügigem Außenbereich.

60 [fl] **El Cochinito** €€, Calle 23 (La Rampa) No. 457 e/Calles H y I, Tel. 78326256. Traditionsreiches Restaurant mit typisch kubanischer Küche.

61 [fk] **Fabio** €, Calle 17, Ecke Calle J, Tel. 78363230, 78363229. Modernes Restaurant mit Pizza, Pasta und italienischem Vino auf der Karte.

62 [el] **Gringo Viejo** €€, Calle 21 No. 454 e/Calles E y F, Tel. 78311946. Der „alte Gringo" rühmt sich, bereits viele illustre Gäste in seinem Paladar bewirtet zu haben. Direkt gegenüber hat ein weiterer Paladar eröffnet, der für seinen großen Open-Air-Bereich geschätzt wird und in derselben Preisklasse liegt.

Gastro- und Nightlife-Areale

Bläulich hervorgehobene Bereiche in den Karten kennzeichnen Gebiete mit einem dichten Angebot an Restaurants, Bars, Clubs, Discos etc.

An von vielen Touristen frequentierten Lokalen wird täglich aufgespielt

011hv Abb.: js

63 [dl] **La Catedral** €, Calle 8 e/Calle 5 y Calzada, Tel. 78300793. Viele *Habaneros* beehren den Paladar wegen der relativ günstigen Cocktails. Eine Besonderheit ist die Bestellannahme per Tablet. Abends wird es oft rappelvoll.

› **La Pachanga**, kubanisches Fastfood in peppigem Ambiente – ein Imbiss mit Kultstatus (s. S. 60)

64 [fk] **Monseigneur** €€, Calle 21, Ecke Calle O, Tel. 78329884. Das alteingesessene Restaurant bemüht sich um französisches Flair (Hotel Nacional gegenüber).

Miramar

65 [cm] **Beijing** €€, Avenida 7ma e/Calles 2 y 4, Tel. 72046418. Von einem chinesischen Koch zubereitete Gerichte aus dem Land der Mitte und auch Bier von dort. Viele Chinesen unter den Stammgästen. Speisekarte und Bestellung via Tablet.

66 [al] **Don Cangrejo** €€, Avenida 1ra No. 1606 e/Calles 16 y 18, Tel. 72043839, Facebook-Seite. Modernes Restaurant direkt an der Küste mit guter Weinkarte. Die Spezialität des Hauses ist, wie der Name schon sagt, *cangrejo* (Landkrebs).

67 [bm] **Espacios** €€, Calle 10 No. 513 e/Avenida 5ta y Calle 31, Tel. 72022921, 52663133, Instagram-Seite. Tapas und andere Leckereien in originellem, auf Europäisch getrimmtem Ambiente. In Havannas „besseren Kreisen" sehr angesagt.

68 **La Cecilia** €€€, Avenida 5ta e/Calles 110 y 112, Tel. 72041562. Stilvolles Restaurant mit großem Garten.

69 **La Cocina de Lilliam** €€-€€€, Calle 48 No. 1311 e/Calles 13 und 15, Tel. 72096514. Nomen est omen: Die kubanische „Küche von Lilliam" ist schon lange eine kulinarische Institution im Stadtteil Miramar. Schöner Außenbereich. Montag Ruhetag.

70 **La Ferminia** €€€, Avenida 5ta No. 18207 e/Calles 182 y 184, Tel. 72736786. Gutes Restaurant in einer Villa mit Innenhof, Garten und vielen Antiquitäten.

71 **La Vicaria** €€, Avenida 5ta No. 18207, Ecke Calle 180, Tel. 72739100. Bei Kubanern seit Langem beliebter Paladar mit großem Außenbereich.

72 **Restaurante Italiano Roma** €€, Calle 92 No. 307e/Avenida 5ta und Avenida 3ra, Tel. 72065492. Ragt unter den Lokalen Havannas mit italienischer Kost heraus. Von kubanisch-italienischem Ehepaar betrieben. Dienstag Ruhetag.

73 [bm] **Tocororo** €€, Calle 18 No. 302, Ecke Avenida 3ra, Tel. 72042209. Kubanische und internationale Gerichte in geschmackvollem Ambiente, Livemusik und Terrasse. Gute Weinkarte.

130hv Abb.: js

‹ *Auf einen Cocktail im Espacios*

› *Blick über Centro Habana*

012hv Abb.: js

MEIN TIPP

Lokal mit guter Aussicht

79 [fk] **La Torre** €€€, Edificio Focsa (33. Stock), Calle 17 No. 55 e/Calles M y N, Tel. 78383088, 78383089. Internationale Küche in einem der höchsten Gebäude Havannas. Umfangreiche Weinkarte und atemberaubender Blick über die Stadt. Eine Bar befindet sich auf derselben Etage.

Parque Histórico Militar Morro-Cabaña

74 [C1] **La Divina Pastora** €€€, Parque Morro-Cabaña, Tel. 77937809, Facebook-Seite. In einem Gebäude aus dem 18. Jahrhundert nahe der Festung La Cabaña untergebracht, lockt dieses Restaurant mit Meeresfrüchten und Blick auf die Skyline Havannas.

75 [ik] **Los Doce Apóstoles** €€, Parque Morro-Cabaña, Carretera de La Cabaña, Tel. 78638295, 78609990, 78614678. Kubanische Küche und unschlagbares Ambiente direkt neben der Festung El Morro mit Altstadtblick.

Playas del Este und Cojímar

76 **El Cubano** €, Avenida 5ta e/454 y 456, Boca Ciega, Playas del Este, Tel. 77964061. Bar-Restaurant mit deftiger kubanischer Küche.

77 **Il Piccolo** €, Avenida 5ta e/Calles 502 y 504, Guanabo, Playas del Este, Tel. 77964300. Wie der Name vermuten lässt, werden in diesem kleinen Paladar unweit des Strandes von Guanabo vor allem italienische Gerichte serviert. **Derzeit (Anfang 2024) geschlossen.**

78 **La Terraza de Cojímar** €€, Calle Real No. 161, Ecke Candelaria, Cojímar (Vorort im Osten Havannas), Tel. 77939486. Einst das bescheidene Lieblingsrestaurant Hemingways, werden die Touristenmassen hier heutzutage mit Meeresfrüchten vom Lobster bis zum Zackenbarsch verwöhnt. Flüssige Spezialität des Hauses ist der Cocktail „Don Gregorio“, benannt nach Hemingways legendärem, 2002 verstorbenem Skipper. Die verhältnismäßig hohen Preise der Speisen und Getränke hätte der exzentrische Nobelpreisträger vermutlich nicht goutiert. Eine Alternative ist der nach der Santería-Göttin des Meeres benannte **Paladar Yemaya** zwei Blocks weiter.

Smoker's Guide

Offiziell ist das Rauchen in allen öffentlich zugänglichen Räumen verboten. Im wahren Leben herrschen in Havannas Lokalen unterschiedliche Gepflogenheiten. In besseren Restaurants ist Rauchen meist untersagt bzw. man wird auf eigene Bereiche bzw. Räume verwiesen. Wenn es, wie häufig, auch Tische im Außenbereich gibt, kann dort grundsätzlich nach Herzenslust gequalmt werden.

Aschenbecher werden vom in dieser Hinsicht nicht immer sehr aufmerksamen Personal oft erst nach entsprechender Aufforderung gebracht. Der Grund dafür ist, dass viele kubanische Raucher deren Benutzung nicht gewohnt sind. Zuhause aschen sie lieber in die Spüle oder aus dem Fenster und in der Öffentlichkeit auf den Boden, auch in Bars und (einfachen) Restaurants. Touristen- und Businesshotels sowie große Zigarrenläden verfügen oft über geschmackvoll eingerichtete Bereiche für (Zigarren-) Raucher, meist im Stil eines kleinen Salons (s. Foto S. 72).

Havanna am Abend

Nachtleben

Das vor allem am Wochenende bis zum Morgengrauen („madrugada") dauernde Nachtleben Havannas sucht seinesgleichen und bietet von Peso-Kaschemmen, in denen nur billiger Rum ausgeschenkt wird, bis zu den weltberühmten Revues des „Tropicana" (s. S. 68) eine denkbar breite Palette möglicher Aktivitäten.

Gedruckte, regelmäßig aufgelegte Veranstaltungsmagazine sind rar geworden. Flyer, die auf kulturelle Events hinweisen, werden in Fußgängerzonen verteilt und liegen z. B. an Hotelrezeptionen aus. Auflistungen aktueller Theatervorstellungen, Musik- und Sportevents sowie sonstiger Spektakel bieten eine Reihe von Publikationen, die in aller Regel auch online Präsenz zeigen, z. B. **La Jiribilla** (www.lajiribilla.cu/cartelera-cultural) und **Juventud Rebelde** (www.juventudrebelde.cu/cultura). Sehr informativ ist auch die Website www.opushabana.cu vom Büro des Stadthistorikers. Auf dieser kann gelegentlich

013hv Abb.: js

eine Liste mit Veranstaltungshinweisen („Cartelera Cultural") heruntergeladen werden.

In vielen großen Hotels gibt es eine **Disco**, die von 21 Uhr bis irgendwann zwischen 2 und 5 Uhr geöffnet hat. Stimmung kommt dort meist frühestens gegen Mitternacht auf. In einigen Topdiscos herrschen von der Laune der Türsteher abhängige Dresscodes, z. B. für den Herrn langärmliges Hemd mit Kragen, keine Shorts, Sandalen und anderweitige Strandkleidung. Damen dürfen deutlich mehr Haut zeigen.

Viele kubanische **Cabarets** bieten Galavorstellungen mit Big Bands, anmutigen Tänzerinnen, schmalzigen Sangeskünstlern, Akrobaten, Comedians (*humoristas*), Modenschauen (*desfiles de modas*) und ganz viel Glamour. Der Eintritt kostet umgerechnet meist von 5 bis 50 € pro Person, im Tropicana deutlich mehr. Fast alle großen Hotels verkaufen Cabaret-Pauschalpakete, die Transport, Eintritt und mindestens ein Getränk beinhalten.

Bars und Cafés

Es wird nicht allzu streng zwischen Bars, Cafés und (zumindest kleinen) Restaurants unterschieden. Das heißt, in vielen Lokalen mit Bar-Charakter bekommt man auch kleine Snacks oder komplette Mahlzeiten und in vielen Restaurants werden Gäste, die (außerhalb der Zeit des Abendessens) nur einen *cafecito* oder Drink zu sich nehmen möchten, nicht schief angesehen. Viele Lokale bezeichnen sich selbst als „Bar-Restaurante".

Unschlagbare Lage: das Café Paris an der Touristenmeile Calle Obispo ⑩

Die Bars bzw. Bar-Restaurants in den großen Touristenhotels bewirten in aller Regel auch Nicht-Hausgäste und sind manchmal kaum teurer als die Lokale an der Straße, von denen es die mit Abstand meisten in Habana Vieja gibt. Für kostenbewusste Reisende gilt in jedem Fall: Rechnung kontrollieren!

Dass der **Geist Hemingways** durch die auf 1950er-Jahre gestylten Bars La Bodeguita del Medio (s. S. 66), El Floridita (s. S. 66) und Dos Hermanos (s. S. 66) streifen soll, spürt der Gast nicht zuletzt an deren vergleichsweise gesalzenen Preisen. Ein paar Schritte weiter zahlt man unter Umständen nur halb so viel für Speis und Trank derselben Qualität. Viele Bars haben tagsüber eher den Charakter eines Cafés und manche nennen sich denn auch Café bzw. Café Taberna. Vor allem in Habana Vieja ist in praktisch allen Bars mit **Livemusik** zu rechnen. Die oft nicht gerade dezent aufspielenden Combos werden nicht müde, inbrünstig kubanische Klassiker à la „Guantanamera" und „Comandante Che Guevara" zu intonieren.

Habana Vieja

80 [C3] **Café Paris,** San Ignacio No. 202, Ecke Calle Obispo, Tel. 78620466, tägl. 9–1 Uhr. Das traditionsreiche Lokal ist wohl auch aufgrund der besonders günstigen Lage relativ kostspielig. **Derzeit (Anfang 2024) geschlossen.**

81 [C4] **Café Taberna Amigos del Benny,** Mercaderes No. 531, Ecke Teniente Rey, Tel. 78611637. Gleich neben der Plaza Vieja gelegen, finden hier regelmäßig musikalische Abendveranstaltungen mit dem Schwerpunkt 1950er-Jahre statt. Der Name bezieht sich auf den legendären kubanischen *Bárbaro del Ritmo* (Rhythmus-Barbar) Benny Moré.

82 [D4] **Dos Hermanos,** Avenida San Pedro No. 304, Ecke Sol, Tel. 78613514, tägl. 12–23 Uhr. Von Hemingways Lieblings-Trinkstätten diejenige, die sich noch am ehesten den Charakter einer Bar bzw. Kneipe erhalten hat. Direkt am Hafen nahm hier auch der spanische Dichter García Lorca gerne den ein oder anderen Drink.

83 [B3] **El Floridita,** Calle Obispo No. 557, Ecke Monserrate (Avenida de Bélgica), Tel. 78671300, tägl. 12–23 Uhr. Das elegante El Floridita behauptet von sich, die Wiege des Daiquiri zu sein. Hemingway hat dieses Getränk nicht erfunden, aber reichlich davon konsumiert und mit der eindringlichen Schilderung dieses eiskalt servierten Cocktails zu dessen weltweiter Popularität beigetragen. Im angegliederten Restaurant täglich Livemusik.

84 [C3] **La Bodeguita del Medio,** Calle Empredado No. 207 e/Cuba y San Ignacio, Tel. 78668857, 786713–74, tägl. 10.30–24 Uhr. Hier findet man Hemingways berühmte handschriftliche Widmung unter Glas: „My Mojito at La Bodeguita del Medio and my Daiquiri at the Floridita", ein nach heutigen Maßstäben unbezahlbarer Werbegag. Cocktails ab umgerechnet 4 €, Kaffee ab 3 €. Im Obergeschoss der 1942 eröffneten „La B del M" werden ab 12 Uhr typisch kreolische Gerichte serviert. Nicht erschre-

Beliebte Getränke

Auf der „Rum-Insel" Kuba findet man eine Reihe erstaunlich guter einheimischer **Biermarken (cerveza),** darunter Cristal, Bucanero (wörtlich: Pirat) und Mayabe. Seltener begegnet man dem in El Cotorro hergestellten und nach dem Führer eines Aufstands Indigener benannten Hatuey, dem weniger empfehlenswerten Tínima und lokalen Sorten wie Princesa (Pinar del Río) oder La Matancera (Matanzas).

Ein typisches nicht-alkoholisches Getränk ist **Zuckerrohrsaft (guarapo).** In den **casas de infusiones** genießt man keine Infusionen, sondern **Tee (té oder yerba buena).** Dieser wird gerne mit etwas Limone versetzt.

Fruchtsäfte (jugo) und **Milchshakes (batido)** sind nicht nur bei den Kids sehr beliebt. Und auch die Erzeugnisse US-amerikanischer Brausegiganten sind, über Kanada oder Mexiko importiert, überall zu bekommen. Wer möchte, kann auf kubanische **Cola-Marken** wie Tropicola und Tucola ausweichen, die es auch in Light-Versionen („dietética") gibt.

Kubaner lieben starken schwarzen **Kaffee (cafecito, café cubano, café criollo),** den man mit viel Zucker in kleinen Gläsern oder Tassen serviert.

Rum (ron), das alkoholische Nationalgetränk pur oder im Cocktail, galt vor 200 Jahren noch als minderwertiges Piratengesöff. Dies änderte sich, nachdem der nach Santiago de Cuba ausgewanderte spanische Weinhändler Fernando Bacardí die Herstellung mittels Holzkohlenfilterung und Reifezeit in Eichenfässern verfeinert hatte. Grundsätzlich gilt: Je länger die Reifezeit, desto edler und teurer das Ergebnis. Kubaner, die sich Rum nicht leisten können, weichen auf **aguardiente** (wörtlich: brennendes Wasser) genannten Zuckerrohrschnaps aus.

cken: Dass sich viele Gäste handschriftlich an den Wänden „verewigen", wird seit Jahrzehnten bewusst toleriert. Ein kleiner Souvenirshop findet sich gleich rechts vom Eingang.

85 [B4] **Monserrate,** Avenida de Bélgica (Monserrate) No. 261, Ecke Obrapía, Tel. 78609751, tägl. 12–23 Uhr. Nur einige Schritte vom Floridita gelegen, sind Speis und Trank im holzgetäfelten Monserrate deutlich günstiger. Livemusik.

86 [A3] **Sloppy Joe's,** Agramonte (Zulueta), Ecke Ánimas, Tel. 78667157, tägl. 12–2 Uhr. Nach fast 50 Jahren wurde 2013 das zu Hemingways Zeiten recht ranzige Sloppy Joe's wiedereröffnet – als moderne, nicht gerade preisgünstige Touristenbar mit beeindruckend langer Mahagoni-Bar.

Centro Habana

87 [A3] **Café Louvre,** Paseo de Martí (Prado) No. 416, Ecke San Rafael, Tel. 78608595, tägl. 10–24 Uhr. Unter dem Vordach des Hotels Inglaterra gelegene Terrassenbar, von der aus sich das Kommen und Gehen auf dem Parque Central bestaunen lässt. Falls alle Tische besetzt sind, findet man gleich nebenan zwei weitere Freiluftbars ähnlichen Stils. Livemusik. Eine weitere Bar befindet sich auf der Dachterrasse des Inglaterra.

Vedado

Während die Zahl der Bars bzw. Bar-Restaurants in Habana Vieja, der Altstadt, kaum zu überblicken ist, befinden sich viele der in Vedado lohnenden in oder auf den großen Hotels.

88 [dk] **Habana Café,** im Hotel Meliá Cohiba, Paseo e/Calles 1ra y 3ra, Tel. 78333636. Hierher kommt man der Eleganz und des Styles der 1950er-Jahre wegen: Mit einer uralten Harley, einem kanariengelben offenen

MEIN TIPP

Lange geöffnet

Nachtschwärmer und Nimmermüde freuen sich über die langen Öffnungszeiten des hippen King Bar Restaurante im Stadtteil Vedado.

91 [el] **King Bar Restaurante** €€, Calle 23 (La Rampa) No. 667 e/ Calles D und E, Tel. 78330556, www.kingbarhavana.com, tägl. 17–3 Uhr

Chevy und ähnlichen Exponaten inklusive Billardtisch ist das Habana Café Kubas Antwort auf die Hard Rock Cafés anderswo. Regelmäßig Livemusik gehört natürlich auch dazu.

89 [fk] **La Terraza,** im Hotel Nacional, Calle 0, Ecke Calle 21, Tel. 78363564, tägl. 12–24 Uhr. Wer schnurstracks die Lobby des Hotels Nacional durchquert, gelangt in eine großzügige Parkanlage mit Pool und einige Schritte unter Palmen weiter zu diesem kleinen, von einer Seebrise gestreichelten Lokal. Cocktails ab umgerechnet 4 €.

Wer hoch hinaus will und seinen Café Cubano oder Mojito in schwindelerregender Höhe einnehmen möchte, begibt sich in eine der **Dachterrassen-Bars** mit atemberaubender Fernsicht:

› **La Torre** (s. S. 63), Tel. 78322451, geöffnet: tägl. 12–24 Uhr. Die Bar liegt im 36., dem obersten Stock des Gebäudes. Das gleichnamige exquisite Restaurant auf derselben Etage bietet einen atemberaubenden Panoramablick über Havanna.

90 [fl] **Sala de Fiestas Turquino** im 25. Stock des Hotel Habana Libre, Calle L (Paseo) e/Calles 23 (La Rampa) y 25, Tel. 78346100, tägl. 10–23 Uhr. Wenn Shows und/oder Discobetrieb stattfinden, verlängert sich die Öffnungszeit bis weit nach Mitternacht.

Miramar

Alle Hotels in Miramar haben auf den touristischen Geschmack zugeschnittene Bars. Hier zwei empfehlenswerte, von Touristenhotels unabhängige Etablissements:

- 92 [am] **Complejo Turístico Cultural Dos Gardenias,** Avenida 7ma, Ecke Calle 28, Tel. 72048188, tägl. 22–6 Uhr. Die verhältnismäßig gediegene Bar kontrastiert mit dem nächtlichen Trubel im Tanzlokal gleich nebenan (s. S. 69). Außerdem warten drei Restaurants und ein Zigarrenladen auf Kundschaft.
- Dem im Stadtteil Marianao gelegenen Nachtclub Tropicana (s. rechts) ist das Bar-Restaurant **Los Jardines** angeschlossen, in dem man vor oder nach der Show gerne vorglüht beziehungsweise absackt: Calle 72 e/Calles 41 y 45, Marianao, Tel. 72670110, tägl. 19–24 Uhr (teilweise nur bis 23 Uhr).

Nachtclubs, Cabarets und Discos

Oft ist die Bezeichnung Club, Cabaret, Disco oder Nachtclub eher willkürlich, schließlich gibt es in allen diesen Etablissements nicht nur Shows, sondern auch Raum zum Tanzen. Bei den Cabarets und Nachtclubs steht grundsätzlich das **Showprogramm** im Vordergrund: Tänzer, Humoristen und andere Unterhaltungskünstler buhlen um die Gunst des Publikums, das sich dann sofort nach dem Spektakel zu den satten Beats der aktuellen Latin-Hip-Hop-Hits (Reggaetón/Cubatón u. a.) auf die Tanzfläche stürzt.

In den meisten Discos und Tanzhallen wiederum werden regelmäßig Karaoke und andere Unterhaltung zum Mitmachen, Modenschauen und sonstige Shows geboten. Der **Dresscode** in den Cabarets ist grundsätzlich strenger als in den Discos: Herren haben im (möglichst langärmeligen) Hemd, mit langen Hosen und geschlossenem Schuhwerk zu erscheinen, Damen dürfen sich gerne freizügiger zeigen – Hauptsache chic.

Oft ist mit der Entrichtung des **Eintrittspreises** bereits der erste Drink bezahlt. In manchen Clubs ist der Einlass an sich kostenlos, aber die Gäste verpflichten sich zum „Mindestverzehr" in einer bestimmten Höhe *(consumo)*. Wenn nichts los ist, schließen Diskotheken und Nachtclubs schon mal früher als hier angegeben.

Fixpunkte in Havannas schnelllebiger Nachtschwärmerszene sind:

- **Cabaret Parisién,** im Hotel Nacional 26, Calle O, Ecke Calle 21, Vedado, Tel. 78363564, vergleichsweise kostspieliger Eintritt. Im Hotel Nacional untergebracht, gilt dieses Cabaret als die Nummer zwei nach dem Tropicana (siehe unten). Die große farbenfrohe Abendshow hat viele Fans und dauert knapp zwei Stunden.
- **Pico Blanco – Rincón del feeling,** im Hotel Saint John's (s. S. 135), Tel. 78333740, Mi–Sa ab 22, So ab 18 Uhr, der Eintritt schwankt zwischen gratis und umgerechnet mehreren Euro. Der „Weiße Gipfel" befindet sich im obersten Stockwerk des Hotels Saint John's und bietet wechselnde Shows (Comedy, kleine Revuen, Karaoke, Akrobatik) mit anschließendem Discobetrieb.
- 93 **Tropicana,** Calle 72 No. 4504 e/ Avenidas 41 y 45, südlich Miramars im Stadtteil Marianao, Tel. 72671717, 72670110, www.cabaret-tropicana.com, tägl. ab 20 Uhr, Show ab 22 Uhr (angeschlossenes Bar-Restaurant „Los Jardines" tägl. 19–24 Uhr), vergleichsweise teurer Eintrittspreis. Das legendäre Caba-

In Havannas Cabarets wird auch in puncto Kostümierung einiges geboten

ret Tropicana ist schon lange wieder das, was es bereits von 1939 bis zur Revolution 1959 war: Kubas Nightclub Nummer eins mit den extravagantesten Revuen und den spektakulärsten Shows. Das Interieur des großen Saals „Salón Arcos de Cristal" (Saal der Kristallbögen) wurde Anfang der 1950er-Jahre entworfen. Die im Freien gelegene Hauptbühne heißt „Salón bajo las estrellas" (Saal unter den Sternen). Bis zu 200 Akteure begeistern hier bei der wohl spektakulärsten Show der Karibik mit einer Revue der Extraklasse. Unbedingt direkt oder über ein Hotel reservieren! Kenner ordern gleich eine Pulle Rum und Coke. Anschließend Discobetrieb. Mit dem „Los Jardines" und dem „Rodney Café" befinden sich zwei Bar-Restaurants im selben Komplex. Die Tropicana-Ableger in den Städten Matanzas und Santiago de Cuba sind hinsichtlich Eintritt und Qualität der Show etwas bescheidener.

Wem die Tanzflächen in den Hoteldiscos zu klein sind und/oder wer bereit ist, etwas tiefer in die Tasche zu greifen, wird hier glücklich:

- **94** [fk] **Café Concerto Gato Tuerto,** Calle O e/Calles 17 y 19, Vedado, Tel. 78382696, tägl. 22–mindestens 2 Uhr, Eintritt: meistens ein bestimmter Mindestverzehr. *Música filin, Trova* und *Boleros,* bis der Arzt kommt. An manchen Abenden bietet der „Einäugige Kater" auch launigere Musik, Comedy und ähnliche Vergnügungen.
- **95** [am] **Dos Gardenias (Complejo Turístico Cultural),** Avenida 7ma, Ecke Calle 26, Miramar, Tel. 72049517, 72048188, So–Do 22.30–1.30, Fr und Sa 22.30–3 Uhr, mit Eintritt. Großraumdisco.
- **96** [cm] **Fábrica de Arte Cubano,** Calle 26, Ecke Calle 11, Vedado, Tel. 78382260, www.fac.cu (mit virtueller Tour), Do–So 8–3 Uhr, mit Eintritt.

050hv Abb.: om

Die Fábrica ist ein superschickes Kulturzentrum, wie man es in Kuba bisher nicht kannte: Auf zwei Stockwerken einer historischen Fabrik begeistern Theater, Bars, Dancefloors, Ausstellungen, Shows, Open Air Bereich etc. – alles in für Havanna noch neuer Boheme-Atmosphäre.

97 Guanimar, Avenida 5ta e/466 y 469, Guanabo, Playas del Este, Tel. 77962947, Mi–So 22–3 Uhr, mit Eintritt. An den Playas del Este erste Wahl. In der Saison und an den Wochenenden Shows und Liveacts. **Derzeit (Anfang 2024) geschlossen.**

98 [fk] **Jazz Club „La Zorra y El Cuervo",** Calle 23 (La Rampa) e/Calles N y O, Vedado, Tel. 78662402, tägl. 22 bis mindestens 2 Uhr, mit Eintritt. Die unterirdische Jazzbar „Die Füchsin und der Rabe" wird durch eine britische Telefonzelle(!) betreten. Nach den Liveacts Discobetrieb. Der Eintrittspreis beinhaltet meistens ein oder zwei Freigetränke.

99 [el] **Ohlala,** Calle 17 e/Calles E y F, Vedado, Tel. 78320433, tägl. bis 3 Uhr. Nachtclub für ein In-Publikum, das so ähnlich wie in New York oder Berlin feiern möchte.

Theater und Konzerte

Havannas Theaterszene ist sehr aktiv und in Vedado ist die Theaterdichte am höchsten. Showtime ist vor allem an den Wochenenden. Das aktuelle Programm wird im Bereich des Theatereingangs angeschlagen und bietet sowohl klassische als auch moderne Stücke in der Landessprache.

Vedado

100 [ek] **Auditorium Amadeo Roldán,** Calzada, Ecke Calle D, Tel. 78321168, 78324521/2

101 [ek] **Centro Cultural Bertolt Brecht,** Calle 13 No. 259, Ecke Calle I, Tel. 78329359

102 [dk] **Sala Teatro Hubert de Blanck,** Calzada No. 654, Ecke Calle B, Tel. 78301011

103 [dl] **Teatro Mella,** Línea No. 657 e/Calles A y B, Tel. 78335651

104 [em] **Teatro Nacional de Cuba,** Paseo, Ecke Calle 39, Tel. 78704145, 78704651, 78796011. Neben dem Gran Teatro 23 größtes und bekanntestes Theater des Landes.

Andere Stadtteile

23 [A3] **Gran Teatro de La Habana Alicia Alonso,** Paseo de Martí (Prado) No. 458, Ecke San José, Centro Habana, Tel. 78613077/78/79

105 [bl] **Teatro Karl Marx,** Avenida 1ra No. 1010, Ecke Calle 10, Miramar, Tel. 72030801

Kinos

Die größten und bekanntesten Kinos Havannas liegen im Stadtteil Vedado an „La Rampa" (Calle 23) relativ nah beieinander. Die meisten bieten Nachmittags- und Abendvorstellungen. Hollywoodstreifen werden häufig im mit spanischen Untertiteln unterlegten Original gezeigt. Eintrittskarten sind sehr preisgünstig. Besonders populär sind die folgenden Lichtspielhäuser:

106 [dm] **Cine 23 y 12,** Calle 23 No. 1212, Ecke Calle 12, Tel. 78336906

107 [dm] **Cine Charles Chaplin,** Calle 23 No. 1155, e/Calles 10 y 12, Tel. 78311101

108 [fl] **Cine Riviera,** Calle 23 No. 507, Ecke Calle H, Tel. 78309564

109 [fl] **Cine Yara,** Calle L No. 363, Ecke Calle 23 (gegenüber Eisdiele Coppelia, s. S. 34), Tel. 78329430

Havanna zum Stöbern und Shoppen

Mit dem Triumph der Revolution hat sich Havanna von der Liste der Shopping-Paradiese gestrichen. Alles, was nach Mode, Stil und Glamour roch, galt in Kuba jahrzehntelang als dekadent und ist offiziell auch heute noch verpönt. Dazu kam, dass die alteingesessene Bourgeoisie das Land ab 1959 in Scharen verließ und neben ihrem Geld und Know-how auch die verfeinerten Sitten mitnahm.

Supermärkte und Kaufhäuser

Havannas Supermärkte und Shoppingmalls bieten denen, die es sich leisten können, ein ordentliches Sortiment an kubanischen und importierten Lebensmitteln sowie anderen Waren des täglichen Bedarfs. Die Preise entsprechen in etwa den europäischen. Oft müssen Taschen und Rucksäcke im Bereich des Eingangs in Verwahrung gegeben werden.

Große *centros comerciales* sind für gewöhnlich Mo–Sa 10–21 Uhr (mindestens bis 18 Uhr) geöffnet, sonntags in der Regel verkürzt. Kleinere Läden schließen früher und/oder sind sonntags gar nicht geöffnet. Supermärkte bzw. Malls mit großer Auswahl sind:

- 110 [bl] **Centro Comercial La Puntilla,** Avenida 1era y 0, Miramar. Ein Dutzend Geschäfte, darunter ein großer Supermarkt, und eine Filiale der Fastfoodkette El Rapido.
- 111 **Complejo Comercial 3ra y 70,** Calle 70, Ecke Avenida 3ra, Miramar, Tel. 72044034. Havannas größter Supermarkt ist eher eine Shoppingmall und wird wegen der vielen Botschaftsangehörigen, die hier einkaufen, im Volksmund „Diplomercado“ genannt.
- 112 [gm] **Plaza Carlos Tercero,** Avenida Salvador Allende (Carlos III) e/Arbol Seco y Retiro, Centro Habana. Zahlreiche Geschäfte auf drei Etagen, Fastfood usw.

Weitere große Shoppingcenter in Miramar sind das *Centro Comercial 5ta y 42* und das Centro Comercial gegenüber dem Hotel Meliá Habana (s. S. 135). Die größte Mall im Stadtteil Vedado nennt sich *Galerias de Paseo* und liegt an der Ecke Paseo und Calle 1ra.

Bücher

Bücher kosten auf Kuba – je nachdem, wo man sie erwirbt – entweder sehr viel oder auch sehr wenig. Grundsätzlich gilt: Je offensichtlicher eine Buchhandlung oder ein Bücherstand auf touristische Interessen (José Martí, Che Guevara usw.) und Geldbeutel zugeschnitten ist, desto höher fallen die Preise aus. Die kleinen **privaten Secondhand-Buchhandlungen,** in denen sich auch Einheimische mit Lesestoff versorgen, findet man dagegen in der Regel in unscheinbaren Seitenstraßen oder Privathäusern.

Die für Kurzbesucher interessantesten Buchhandlungen findet man im Bereich der Calle Obispo (10):

- 113 [B3] **La Moderna Poesía,** Obispo No. 527, Ecke Bernaza, Tel. 78616983. Kubas bekannteste Buchhandlung ist

Shoppingareale
Die wichtigsten Shoppingbereiche der Stadt sind im Kartenmaterial mit einer rötlichen Fläche markiert.

Bücherausfuhr

Achtung: Antiquarische Bücher können unter Umständen nur unter Vorlage einer Exportlizenz legal ausgeführt werden! Auskünfte erteilt der **Registro Nacional de Bienes Culturales** (s. S. 111).

in einem monströsen Art-déco-Bau am westlichen Ende der Obispo untergebracht. Verkauft auch Schreibwaren. **Derzeit (2024) geschlossen.**

Wer die Obispo hinunterschlendert, passiert auf beiden Seiten einige kleinere Buchhandlungen (z. B. in No. 119 und No. 526), um dann am Ende der Straße auf die nach touristischem Geschmack bestückten **Freiluft-Buchstände** *(mercado de libros)* der Plaza de Armas 8 zu stoßen. Hier kalkuliert man pro Buch ab umgerechnet 5 € bei nach oben offener Preisskala.

114 [A4] **Todo Libro,** Teniente Rey (Brasil), Ecke Paseo de Martí (Prado), Mo–Sa 10–17.30, So 10–13 Uhr. Buchhandlung gegenüber dem Capitolio. Mit Schreibwarenabteilung.

Zigarren

Wichtige **Warnung** gleich vorab: Meiden Sie die gut gelaunten Herrschaften, die versuchen, unbedarften Touristen Zigarren auf der Straße anzudrehen! Erstens: Der freundliche junge Mann ist gar nicht der eigentliche Schwarzhändler, sondern erhält von diesem lediglich eine Provision für jeden erfolgreich vermittelten Kunden. Zweitens: Wer will schon einem unbekannten Menschen durch den halben Stadtteil und anschließend in eine kleine Wohnung voller angeblich ungehobener Zigarrenschätze folgen? Drittens: Im günstigsten Fall erhält man gestohlene Ware, im schlechtesten etwas, das zwar an eine edle Havanna erinnert, eigentlich aber von Laien in einem Hinterzimmer aus Tabakresten zusammengeschustert wurde.

Eine **gute Zigarre** (kubanisch: *tabaco*, Slang: *puro*) kauft man in einem der zahlreichen **Zigarrenläden**, z. B. in den großen Hotels. Auch hier liegen die Preise noch deutlich unter denen in europäischen Tabakläden.

Die bekanntesten kubanischen **Marken** sind „Cohiba“ (das Taíno-Wort für Tabak), „Montecristo“, „Romeo y Julietta“ (Romeo und Julia) und „Partagás“. Die Marke „H. Upmann“ ist nach einem deutschen Bankier benannt, der zunächst nur für besonders wichtige Geschäftspartner produzieren ließ.

„La Casa del Habano“-Zigarrengeschäfte (LCDH) gibt es in Havanna ganze 21-mal und in Varadero immerhin dreimal. In Havanna sind

131hv Abb.: js

Zigarrenkisten an der Decke verschönern den Rauchersalon im Hotel Habana Libre (s. S. 134)

viele davon in altehrwürdigen Hotels untergebracht, zum Beispiel im Hotel Nacional 26, im Hotel Inglaterra (s. S. 134), im Hotel Habana Libre (s. S. 134) und in vielen weiteren. In aller Regel sind LCDH-Geschäfte aufwendig eingerichtet und verfügen über eigene stilvolle Raucherbars. Einen zuverlässigen Überblick mit Standortsuche samt Kontaktinformationen bietet die Website www.habanos.com. Hier Infos zu zwei besonders empfehlenswerten LCDH-Zigarrenläden mit eindrucksvoller Auswahl:

- **115** [bm] **La Casa del Habano 5ta y 16,** Avenida 5ta, Ecke Calle 16, Miramar, Tel. 72144763. Sehr großes Zigarrengeschäft mit ebenerdigem Eingang.
- **116** [C4] **La Casa del Habano Conde de Villanueva,** Mercaderes No. 202, e/ Amargura y Lamparilla, Habana Vieja, Tel. 78629293. Untergebracht ist der stilvolle Zigarrenladen im Hotel Conde de Villanueva. Sehenswert sind die zahlreichen Fotografien berühmter Zigarrenraucher aus aller Welt.

Ein weiterer guter Zigarrenladen:

- **117** [B3] **La Casa del Ron y del Tabaco Cubano,** Calle Obispo, Ecke Benaza, Tel. 78668911, tägl. 9–18.45 Uhr. Am westlichen Ende der Calle Obispo neben dem Floridita. Wie der Name Ron (Rum) unschwer erkennen lässt, deckt man sich hier nicht nur mit Zigarren, sondern auch mit Hochprozentigem ein.

KURZ & KNAPP

La lectura

Eine interessante Einrichtung in den Zigarrenfabriken ist die sogenannte **„lectura“** (Vorlesung). Seit dem 19. Jh. beschäftigen Fabriken professionelle „lectores“, die zur Erbauung und Bildung der (früher leseunkundigen) Zigarrendreher Zeitungsartikel und Romane vorlesen. Gefällt den Tabaqueros eine Passage besonders gut, so spenden sie lautstark Beifall, indem sie mit ihren Schneidemessern *(chavetas)* auf die Arbeitsfläche vor ihnen klopfen.

Andere Souvenirs

Vor allem in Habana Vieja wurden viele am Touristengeschmack orientierte Geschäfte und Boutiquen eröffnet. Viele der auf ausländische Besucher eingestellten **Märkte** *(ferias)* haben Silberschmuck, Fächer und sonstige Artefakte aus jedwedem Material im Angebot, beispielsweise die Stände und Läden in der Umgebung der Plaza de la Catedral 6. Hübsch sind etwa die aus leeren Getränkedosen gefertigten Bastelarbeiten, bunte Santería-Püppchen und Maracas (Rumbakugeln).

In unschlagbarer Lage auf der Calle Obispo 10 befindet sich folgender Kunsthandwerker-Hof (so die wörtliche Übersetzung):

- **118** [C3] **Patio de los Artesanos,** Obispo e/Habana y Aguiar, geöffnet: tägl. 10–18 Uhr. Kunsthandwerk gibt es hier zwar auch, aber da der Begriff von den Betreibern der Stände in einem erweiterten Sinn verstanden wird, findet man außerdem die üblichen „Kuba-Devotionalien“ vom Ché-Aschenbecher bis zum T-Shirt oder Baseball-Cap mit aufgedrucktem Fidel oder Compay Segundo etc.

Zwei weitere empfehlenswerte Adressen mit großer Auswahl an **Kunsthandwerk und Gemälden** sind:

- **119** [C6] **Antiguos Almacenes de San José**, Avenida Desamparados e/San Ignacio y Cuba, tägl. 10–19 Uhr. Direkt am Hafen gelegen und so groß wie eine Messehalle. Die Marken (*sellos*) für die Ausfuhrgenehmigung (s. S. 111) sind gleich an Ort und Stelle erhältlich.

110hv Abb.: js

🛍120 [C2] **Palacio de Artesanía,** Cuba No. 64 e/Tacón y Peña Pobre, Tel. 78668360. **Derzeit (Anfang 2024) geschlossen.** Um den schattigen Innenhof eines prächtigen Kolonialbaus gruppieren sich Geschäfte für Kunsthandwerk, Souvenirs aller Art und Klamotten. Ein kleiner Supermarkt und eine Bar mit regelmäßiger Livemusik runden das sehr touristische Ambiente ab.

Edle **Uhren** kaufen Havanna-Reisende mit entsprechend gut gefüllter Geldbörse bei:

🛍121 [D4] **El Reloj Cuervo y Sobrinos,** Oficios, Ecke Muralle, Habana Vieja, Tel. 78012515, www.cuervoysobrinos.com/en/stores, Menüpunkt La Habana. Die Geschichte dieses exquisiten Uhrengeschäfts in bester Lage reicht bis ins Jahr 1882 zurück. Heutzutage werden Cuervo-y-Sobrinos-Chronometer im Ausland gefertigt. Auf der Website finden Interessierte einen aufwendigen, 25-minütigen Dokumentarfilm über die Historie der Marke.

Schmuckgeschäfte finden sich in den Tophotels in Miramar, im Hotel Parque Central (s. S. 133) sowie unter folgenden Adressen:

🛍122 [bm] **Centro Comercial La Maison,** Calle 16 No. 701 e/Avenida 7ma, Miramar, Tel. 72040124. Haute Couture, Schmuck und andere schöne Dinge, Modenschauen und ein Pool. Derzeit (Anfang 2024) nur sehr unregelmäßig geöffnet.

Hübsche handgefertigte **Fächer** *(abanicos)* kauft man auch in Habana Vieja, z. B. hier:

🛍123 [D3] **Casa de los Abanicos,** Calle Obrapía No. 107 e/Mercaderes y Oficios, Tel. 78634452, Mo–Fr 9–17, Sa 9–12 Uhr

⌃ *Schnitzarbeiten aus Holz sind beliebte Souvenirs*

› *Frischer gehts nicht – Produkte der Region auf einem Bauernmarkt*

Bauernmärkte

Frische Produkte werden auf Bauernmärkten *(agromercados/agromercarios/agropecuarios/agros)* feilgeboten und in Pesos Cubanos bezahlt. Die meisten *agros* öffnen um 7 oder 8 Uhr morgens und sind an einem Tag in der Woche (oft montags) geschlossen. Am Eingang erhält man für wenig Geld kleine Plastiktütchen *(jaba/jabita)*.

124 [hn] **Agromercado (1),** Av. Máximo Gómez (Monte), Ecke Manglar (Arroyo). Havannas größter Bauernmarkt ist in der riesigen Markthalle „Cuatro Caminos“ im Süden Centro Habanas ansässig.

Weitere bekannte **Bauernmärkte:**

Habana Vieja

125 [B5] **Agromercado (2),** Calle Egido (Avenida de Bélgica), e/Luz y Acosta

Centro Habana

126 [hl] **Agromercado (3),** San Nicolás, Ecke Trocadero

127 [gl] **Agromercado (4),** Calzada de Infanta, Ecke Jovellar

Maße und Gewichte

Auf Kuba gilt das uns vertraute **metrische System.** Wichtigste Ausnahme ist die Gewichtsangabe *libra* (Pfund). Eine **libra** beträgt 453 Gramm und ist das zum Beispiel auf Bauernmärkten verwendete Gewichtsmaß.

Im südlichen Habana Vieja und in Centro Habana gibt es relativ viele kleinere Agros, zum Beispiel allein in der Calle Gervasio ein halbes Dutzend.

Vedado

128 [el] **Agromercado (5),** Calle 19, Ecke Calle B

129 [fl] **Agromercado (6),** Calle 21, Ecke Calle J

Miramar

130 [an] **Agromercado (7),** Avenida 19, Ecke Calle 42

Playas del Este

131 **Agromercado (8),** Calle 492 e/Avenidas 3ra y 5ta

009hv Abb.: js

013hv Abb.: js

Havanna zum Durchatmen

Südöstlich des Stadtbezirks Arroyo Naranjo stößt man auf das Naherholungsziel **Parque Lenin.** Der weitläufige Park erstreckt sich rund um den Staudamm *Presa Paso Sequito* und das sich östlich anschließende Wasserreservoir *Ejército Rebelde.* Am Wochenende bevölkern kubanische Familien die Grünanlagen oder besuchen den mit Karussellen und anderen Vergnügungseinrichtungen ausgestatteten Freizeitpark. Bei Kindern ist besonders das Ponyreiten beliebt.

★132 **Parque Lenin,** Calle 100, Ecke Carretera de la Presa

Mein Tipp

Chillen am Pool und auf Dachterrassen

Auch wer nicht Gast eines Hotels ist, kommt auf die Dachterrasse oder ins oberste Stockwerk einiger großer Touristenhotels. Sie sind oft mit Bar, Restaurant und/oder einem Pool ausgestattet. Häufig können Nicht-Hotelgäste für Letzteren eine Tageskarte erwerben. Eine besonders lohnende Aussicht genießt man z. B. in folgenden Hotels:

- **Ambos Mundos** (s. S. 132)
- **Deauville,** mit Pool auf der luftigen Terrasse im 6. Stock, tägl. 10–18 Uhr, mit Eintritt (s. S. 134)
- **Parque Central,** mit Pool (leider nur für Gäste) auf der Dachterrasse (s. S. 133)
- **Sevilla,** Pool (ebenerdig, s. S. 133)

Uferpromenade mit Skyline: der Malecón 25

Stelzenläufer sind in Havanna nicht nur an Karneval unterwegs

Zur richtigen Zeit am richtigen Ort

Über das Jahr finden in Havanna unzählige Musik-, Tanz-, Theater- und Sportfestivals sowie andere Veranstaltungen statt. Kurzfristige Infos bieten Infotur (s. S. 117) und die großen Hotels. Hier die Highlights:

Januar

- **FolkCuba:** Konzerte und Konferenzen zur afrokubanischen Kultur (zweite Monatshälfte)
- **Feria Internacional de Artesania:** große Kunsthandwerksmesse

Februar

- **Feria Internacional del Libro:** Internationale Buchmesse (Monatsanfang), www.filhcuba.cu/evento/1
- **Festival de Jazz** (Monatsmitte)

März

- **Bienal Internacional del Humor** (Internationale Humor-Biennale) in San Antonio de los Baños südwestlich von Havanna (alle ungeraden Jahre am Monatsende), www.cubarte.cult.cu

April

- **Festival Percuba:** Bei diesem Event stehen Percussion-Instrumente im Mittelpunkt (3. Woche). Musiker und Kunsthandwerker kommen zusammen.

Mai

- **Cubadisco:** Musikmesse mit kubanischer „Grammy"-Verleihung (Monatsmitte)
- **Bienal de La Habana:** Renommierte Kunstmesse in allen ungeraden Jahren, manchmal erst Anfang Juni, www.bienalhavana.org

Juni

- **Hemingway Marlin Tournament:** Hochseeangler-Turnier am Monatsanfang, gelegentlich schon Ende Mai

Juli

- **Karneval:** An zwei aufeinander folgenden Wochenenden Ende Juli/Anfang August. Highlight sind die Umzüge *(paradas de carrozas)* der verschiedenen Karnevalsgruppen, außerdem Essens- und Getränkebuden auf dem Malecón 25. Erhöhte Diebstahlgefahr!

August

- **Festival de Rap Cubano Habana:** kubanischer Hip-Hop (2. Woche)

September

- Am 7. September: **Wallfahrten zur Jungfrau von Regla** (entspricht der Santería-Gottheit Yemayá) auf der Habana Vieja gegenüberliegenden Seite der Hafenbucht und pompöse Prozessionen

Oktober

- **Diez Días de Cultura:** vom 10. bis 20. Okt. Musikveranstaltungen in allen Stadtteilen

132hv Abb.: ©roxxyphotos, stock.adobe.com

Feier- und Gedenktage

Offizielle Feste werden in Kuba gerne und häufig begangen. Es gibt eine ganze Reihe von Nationalfeiertagen, an denen die meisten Geschäfte, Ämter und Museen geschlossen bleiben. Fällt ein offizieller Feiertag auf einen Sonntag, so ist für viele der darauf folgende Montag arbeitsfrei – eine schöne Regelung, die hiesigen Arbeitnehmern sicher auch gefallen würde.

- Am **1. Januar** erinnert der **Día de la Liberación** die Kubaner daran, dass Batistas Zeit als ihr Staatsoberhaupt am 1. Januar 1959 endete. Am **2. Januar** schließt sich der **„Tag der Siegesfeiern“ (Victoria de las Fuerzas Armadas)** an.
- Der **1. Mai** ist auch auf Kuba der **Tag der Arbeit (Fiesta del trabajo)** mit zahlreichen Paraden und Festreden.
- Vom **25. bis 27. Juli** gedenkt man **Castros misslungenem Angriff** auf die Moncada-Armeekasernen am 26.07.1953 und dem **Beginn der Revolution.**
- Am **10. Oktober** stehen die Unabhängigkeitskriege des 19. Jahrhunderts im Mittelpunkt des öffentlichen Gedenkens **(Fiesta de la Guerra de Independencia),** denn der Beginn des ersten Krieges gegen die spanische Kolonialmacht fiel auf den 10. Oktober 1868.
- Obwohl Kuba de facto kein katholisches Land (mehr) ist, wurde 1997 **Weihnachten (Día de Navidad, 25. Dezember)** anlässlich des anstehenden Papstbesuches wieder Nationalfeiertag.
- **Silvester (Fin de Año)** ist ein offizieller Feiertag.
- An vielen weiteren **Gedenktagen** wird sowohl gearbeitet als auch gefeiert. Die meisten stehen im Zusammenhang mit der Revolution.

- Das **Internationale Ballettfestival** findet in allen geraden Jahren jeweils am Monatsende statt.

November

- **Marathon Marabana** (Monatsmitte), www.maratondelahabana.com
- **Festival de Raíces Africanos:** Im Stadtteil Guanabacoa wird die afrokubanische Kultur mit bunten Umzügen und Tanzveranstaltungen gefeiert (2. Monatshälfte).

Dezember

- Am 4. Dezember **Patronatsfest der heiligen Barbara** (entspricht der Santería-Gottheit Changó) in der Iglesia Santa Barbara und anderen Kirchen
- **Internationales Festival des neuen lateinamerikanischen Films** (1. Monatshälfte), www.habanafilmfestival.com. Vorführungen, Diskussionen und Preisverleihungen.
- Am 17. Dezember **Wallfahrt zum heiligen Lazarus** (entspricht der Santería-Gottheit Babalu Ayé) in die Lazarusbasilika 42 südwestlich von Havanna

Havanna um 1860

„Havanna, die Königin der Antillen, ist schon von vielen Reisenden beschrieben worden und alle können des Lobes nicht satt werden. Die Stadt, die Straßen, die Menschen – alles ist hier wieder anders als in anderen westindischen Städten. Die spanische Grandezza, der Stolz, das Zeremonielle tritt überall hervor.“ (Zitat aus: Notizen aus dem Tagebuch eines Seemannes, gesammelt in den Jahren 1854–1862)

HAVANNA VERSTEHEN

074hv Abb.: js

Havanna – ein Porträt

Havanna, die Hauptstadt Kubas, liegt im Westen der Insel. Mit derzeit rund 2,1 Millionen Einwohnern (entspricht etwa 20 Prozent der kubanischen Bevölkerung) und einer Ausdehnung von ca. 725 km² ist sie mit weitem Abstand die größte Stadt der Insel und die drittgrößte der Karibik.

Verwaltungsmäßig ist Havanna in **15 Bezirke** *(municipios)* unterteilt: Habana Vieja, Centro Habana, Plaza de la Revolución (wozu auch der Stadtteil Vedado gehört), Cerro und Diez de Octubre sowie die Außenbezirke La Habana del Este, Guanabacoa, Regla, San Miguel del Padrón, Cotorro, Arroyo Naranjo, Boyeros, Marianao, La Lisa und Playa (einschließlich Miramar).

Havanna ist eine **lebendige Metropole** mit vielen architektonischen Schmuckstücken aus der Kolonialzeit und den späteren Epochen. Die mit Abstand meisten Sehenswürdigkeiten befinden sich in Habana Vieja (Altstadt), gefolgt von den Stadtteilen Habana Centro und Vedado. **Habana Vieja** ragt einer Halbinsel ähnlich in das große Hafenbecken (Bahía de La Habana) hinein und geht mit dem Paseo de José Martí (Prado) 20 in den Stadtteil **Centro Habana** über. Noch weiter westlich liegt **Vedado,** das verwaltungstechnisch zum *municipio* Plaza de la Revolución gehört. Mit seinen verhältnismäßig modernen Hochhäusern, den vielen Hotels und der Universität ist Vedado das mondäne Zentrum des neuen Havanna.

Folgt man der legendären Uferpromenade Malecón 25 weiter nach Westen, gelangt man durch einen Tunnel unter dem Río Almendares in den ruhigen Villenvorort **Miramar.** Westlich schließt sich der mit beeindruckenden herrschaftlichen Häusern ebenso gut bestückte Bezirk **Playa** mit der Marina Hemingway an.

Die Kernstadtteile Playa, Miramar, Vedado, Centro Habana und Habana Vieja gehen jeweils südlich in von Ausländern kaum besuchte Stadtteile bzw. Vororte über: Von West nach Ost gesehen sind dies La Lisa, Marianao, Boyeros, Arroyo Naranjo und San Francisco de Paula, die von der vielspurigen *circunvalación* (Ortsumgehung) begrenzt bzw. durchschnitten werden. Noch weiter südlich liegen die Parkanlage **Parque Lenin** (s. S. 76), das Messegelände **ExpoCuba,** der Botanische Garten **Jardín Botánico Nacional** 41 und der **Aeropuerto Internacional José Martí.**

Auf der anderen Seite des Hafenbeckens liegen **Casablanca** mit seinen zwei mächtigen Festungen 36 und der geruhsame Stadtteil **Regla,** in dem man sich in Sichtweite der Altstadt in die Provinz versetzt fühlt. Von hier gelangt man über die touristisch wenig ergiebigen Stadtteile **San Miguel** und **Diez de Octubre** um das Hafenbecken herum wieder nach Ha-

Stadt der vielen Beinamen

Im Laufe von Havannas wechselvoller Geschichte wurden zahlreiche sprechende Spitznamen und Ehrentitel für die Stadt gefunden. Hier eine Auswahl:

- Stadt der Säulen, Säulenurwald
- Schlüssel/Tor zur Neuen Welt
- Königin/Diva der Antillen
- Perle der Karibik
- Paris der Tropen
- Herrin der Zeit
- Alte Dame

Vorseite: Revolutionsromantik

Havanna architektonisch: Renovierte Weltkulturerbe-Architektur neben verfallenden Wohnblocks

Zentrum eines im frühen Kolonialstil erbauten **Herrenhauses** ist der **„patio“**, ein Innenhof mit Säulengängen, der für die Luftzirkulation sorgt und in dessen Mitte sich idealerweise ein Brunnen befindet. Manchmal gibt es einen zusätzlichen kleinen Innenhof, den „traspatio“, in dem Hausarbeiten verrichtet wurden. Zwischen diesen Höfen befand sich der Speisesaal. Frühe Kolonialbauten hatten oft einen kleinen **Ausguck („mirador“)**.

Wer sich Holzdecken leisten konnte, ließ diese gerne mit farbigen geometrischen Mustern („alfarjes“) verzieren. Der Convento de Santa Clara 16 in der Altstadt ist ein besonders schönes Beispiel für diese **Mudéjar-Stil** genannte Pracht.

Der spanische, mit maurischen Elementen durchsetzte **Barock** des 18. Jahrhunderts lässt sich besonders schön an der Kathedrale (siehe 6) und am Palacio de los Capitanes Generales (s. S. 18) studieren. Bürgerliche Häuser wurden zu dieser Zeit gerne mit Marmortreppen, Fliesenschmuck und Buntglasfenstern („vitrales“) versehen.

Als „typisch kubanische“ Architektur kann man erst den **Klassizismus** des 19. Jahrhunderts bezeichnen. Fast 100 Jahre lang wurde kein besseres Haus ohne **Säulenvorhof** errichtet. Sehr beliebt waren auch schmiedeeiserne Balkon- und Fenstergitter („rejas“) sowie „medio-puntos“ genannte Buntglasbögen. Ab etwa 1900 baute sich die Bourgeoisie prächtige **Jugendstilvillen**, am liebsten in Havannas noblen Stadtteilen Vedado und Miramar.

Der **Historismus** des 20. Jahrhunderts lehnte sich wieder mehr an die koloniale Architektur an. Beispiele sind das Capitolio Nacional 21, die Estación Central (Hauptbahnhof 17) und das Hotel Sevilla (s. S. 133).

Nach der Revolution wurden zahlreiche Paläste und Herrenhäuser in Wohngebäude umfunktioniert. Um möglichst viele Menschen unterzubringen, war und ist es üblich, in hohe Räume Zwischendecken und -wände einzuziehen, sodass aus einem großen Zimmer eine komplette Wohnung wird. Die Habaneros nennen die so entstehenden Halb- und Zwischengeschosskonstruktionen „barbacoas“. Bautechnisch manchmal sehr gewagt, ermöglichen sie es, wesentlich mehr Bewohner in den Gebäuden aufzunehmen, als vom Erbauer einst veranschlagt wurden. Aus demselben Grund sind abenteuerliche An- und Aufbauten weit verbreitet, vor allem in Centro Habana.

Viele historische Gebäude außerhalb des vorbildlich restaurierten „Touristen-Geheges“ von Habana Vieja befinden sich in einem **katastrophalen Zustand.** Man munkelt, in Havanna stürze seit den 1990er-Jahren jeden Tag mindestens ein Balkon ab. Manchmal erwischt es aber auch gleich das ganze Gebäude.

› **Buchtipp:** Antonio José Ponte, „Der Ruinenwächter von Havanna“, Antje Kunstmann Verlag 2008. Mit Rückblenden und klugen Betrachtungen zum Kuba der 1990er- und 2000er-Jahre behandelt der Autor den äußeren und inneren Verfall des Landes während dieser Epoche.

bana Vieja. Wer sich in die entgegengesetzte Richtung wendet, erreicht rasch **Guanabacoa** und **Habana del Este** mit den Plattenbau-Trabantenstädten Alamar und Celimar. Das ehemalige Dorf **Cojímar** zehrt nach wie vor von seinem Ruf als Hemingways Fischfang-Basislager. Die **Playas del Este** (Oststrände) 43 bilden Havannas Riviera und locken jenseits des Río Bacuranao mit kilometerlangen Sandstränden von Tarará über Boca Ciega und Santa María del Mar bis Guanabo und darüber hinaus. Langjährige Kuba-Reisende erinnern sich an die Entwicklung Guanabos vom verträumten Dorf in den 1980er-Jahren über einen ausgesprochenen Party- und Sündenpfuhl in den 1990er-Jahren bis hin zum stolzen Ort heute, der fast ausschließlich von (jetzt wieder weniger) Fremdenverkehr lebt und in dem gefühlt jedes zweite Gebäude eine herausgeputzte Casa Particular (s. S. 132) für Touristen geworden ist.

Strandleben in Varadero (s. S. 92)

Von den Anfängen bis zur Gegenwart

Kubas Geschichte im Überblick

ca. 2000 v. Chr. (nach anderer Ansicht wesentlich früher): erste Besiedlung

27. Oktober 1492: Christoph Kolumbus besetzt Kuba für die spanische Krone.

1512: Der indigene Anführer Hatuey wird hingerichtet.

25. Juli 1519: offizielles Gründungsdatum Havannas

1564: Die erste mit Silber und Gold beladene Flotte verlässt Havanna.

1607: Havanna wird Hauptstadt Kubas.

1728: Gründung der Universität von Havanna

1762: Die Engländer erobern Havanna, das sie 1763 im Tausch gegen Florida wieder verlassen.

1865: Ende der Verschleppung von Afrikanern nach Kuba

1868–1878: erfolgloser Unabhängigkeitskrieg gegen Spanien

1870–1886: Nach dem Ende der Sklaverei kommen viele asiatische Kontraktarbeiter ins Land.

017hv Abb.: js

1895–1898: zweiter, diesmal mit Unterstützung der USA erfolgreicher Unabhängigkeitskrieg

1898–1902: Eine US-Militärregierung kontrolliert Kuba.

1902: Kuba wird Republik und sieht einer jahrzehntelangen politischen und wirtschaftlichen Dominanz der USA entgegen.

1952–1958: Diktatur unter Staatspräsident Fulgencio Batista

26. Juli 1953: Gescheiterter Angriff Fidel Castros auf die Moncada-Kaserne in Santiago de Cuba

2. Dezember 1956: Landung der Rebellen in Ostkuba und Beginn des Guerillakampfes

1958: Im Dezember nimmt Che Guevara die Stadt Santa Clara ein.

1. Januar 1959: Nach Batistas Flucht in die Dominikanische Republik übernimmt Fidel Castro die Macht auf Kuba.

1959: Alphabetisierungs- und Gesundheitskampagnen sowie erste Agrarreform mit zahlreichen Enteignungen

1960: Enteignung von US-Vermögen und Beginn des Konfliktes zwischen Kuba und den USA mit einem partiellen Handelsembargo gegen Kuba

1961: im April gescheiterte Invasion in der Schweinebucht

1962: Zu Beginn des Jahres verhängen die USA ein vollständiges politisches und wirtschaftliches Embargo gegen Kuba.

1962: Im Oktober bringt die Entdeckung der Stationierung sowjetischer Mittelstreckenraketen auf Kuba die Welt an den Rand des Dritten Weltkriegs (sog. Kubakrise).

1972: Kuba tritt der Sozialistischen Wirtschaftsgemeinschaft COMECON bei.

1977: Einrichtung von Interessenvertretungen der USA in Havanna und Kubas in Washington

1990: Fidel Castro ruft nach dem Zusammenbruch der UdSSR den nationalen Notstand *(período especial)* aus.

1993: Legalisierung des US-Dollars

1996: Verschärftes US-Embargo durch das Helms-Burton-Gesetz

1998: Im September werden in den USA die sog. „Miami Five" inhaftiert. Fünf regimetreue Kubaner sollen bei exilkubanischen Organisationen in Miami spioniert haben. Einige kommen erst Ende 2014 wieder frei.

2003: Eine Verhaftungswelle trifft rund 80 Oppositionelle („Schwarzer Frühling"). Viele bleiben bis 2011 in Haft.

2008: Raúl Castro übernimmt die politischen Ämter seines Bruders Fidel und bleibt zehn Jahre lang Staatsoberhaupt.

März 2016: Besuch Barack Obamas mit Familie in Havanna. Nur wenige Tage später spektakuläres Gratis-Open-Air-Konzert der Rolling Stones.

November 2016: Fidel Castro stirbt. Die „Karawane der Freiheit" bringt seine Asche von Havanna nach Santiago de Cuba.

Oktober 2019: Miguel Díaz-Canel Bermúdez wird Staatspräsident Kubas.

November 2019: Pünktlich zum 500. Geburtstag der Stadt werden die jahrelangen Renovierungsarbeiten am Capitolio 21 abgeschlossen.

ab 2020: Die globale COVID-19-Pandemie führt zu einem massiven Einbruch beim wichtigen Devisenbringer Tourismus.

ab 2021: Die jüngste Wirtschaftskrise hat die Auswanderung Hunderttausender überwiegend junger Kubanerinnen und Kubaner zur Folge.

2023: Kuba begrüßt knapp 2,5 Mio. internationale Besucher. Das sind nur etwa halb so viele wie in der Boom-Phase der 2010er-Jahre.

März 2024: Autofahrer erleben eine drastische Erhöhung der Kraftstoffpreise.

Frühe Stadtgeschichte

Die erste Besiedlung der Region durch die Spanier erfolgte im Jahre 1514. Die Siedlung **Real Ciudad de San Cristóbal de la Habana** wurde der Überlieferung zufolge am 25. Juli 1519 mit einer feierlichen Messe unter einem großen Ceiba-Baum gegründet.

Die Ansiedlung, die sich zuerst entlang der Bucht erstreckte, entwickelte sich sehr rasch, da sie zum **Ausgangspunkt der spanischen Eroberungszüge** nach Mexiko, zur Südküste Nordamerikas sowie nach Honduras und zu den Bahamas wurde. Jahrhundertelang war Havanna das wichtigste Zwischenlager für all die Schätze, die aus den spanischen Kolonien nach Europa verschifft wurden. 1592 verlieh König Philipp II. Havanna das Stadtrecht.

Kolonialzeit

Zwischen 1589 und 1597 entstanden die **Festungen** Castillo de los Tres Reyes del Morro 37 auf der Felsenküste oberhalb der Hafeneinfahrt und ihr gegenüber La Punta 1. Durch die britische Eroberung Jamaikas im Jahre 1654 gewarnt, entschied die spanische Krone, ihren bedeutendsten Hafen und seine Bevölkerung zusätzlich durch eine **Stadtmauer** zu schützen, deren Errichtung sich bis 1767 hinzog. Ihre Reste sind unter anderem in der Nähe des Bahnhofs und vor dem Revolutionsmuseum 2 zu besichtigen.

Anfang des 18. Jahrhunderts war Havanna eine wirtschaftlich prosperierende Stadt und **größter Handelsplatz der Neuen Welt.** 1723 wurden die ersten Werften eingerichtet. 1728 wurde Havanna Universitätsstadt und 1734 der regelmäßige Postdienst aufgenommen.

Am 6. Juni 1762 griff die britische Flotte Havanna an. Nach zweimonatigem erbitterten Widerstand fiel die Stadt in die Hände der Engländer. Fast ein Jahr blieben Havanna und der Westen Kubas unter ihrer Herrschaft. Mit dem Frieden von Fontainebleau wurde Kuba 1763 gegen Florida eingetauscht und somit wieder Besitz der spanischen Krone.

In der Tradition spanischer Städteplanung entstanden die noch heute zu besichtigenden **Highlights barocker Kolonialarchitektur:** der Waffenplatz (Plaza de Armas 8), der Platz der Kathedrale (Plaza de la Catedral 6), der Gouverneurspalast (Palacio de los Capitanes Generales, s. S. 18) sowie der Palacio del Segundo Cabo.

Bleibende architektonische Schöpfungen der ersten Hälfte des 19. Jahrhunderts sind jene Straßenzüge, die auch heute noch zu den beeindruckendsten außerhalb Habana Viejas zählen: der Paseo Carlos Tercero (Avenida Salvador Allende) [f/gm], die Calzada de la Reina (Avenida Simón Bolívar) [hm], die Belascoaín (Padre Varela) [g/hl], die Galiano (Avenida de Italia) [hl], die Infanta (Menocal) [gm/n], der Prado (Paseo de Martí 20) und die Calzada del Cerro. 1863 schleifte man die Stadtmauer. Paläste, Prachtstraßen, Alleen und Paseos, Theater und Restaurants, Eleganz und Luxus machten Havanna zu einer der prachtvollsten und schönsten Städte der Welt.

Gleichzeitig regten sich auch in Kubas spanientreuer Hauptstadt Kräfte, die den **Befreiungskampf gegen die Kolonialmacht** unterstützten, so etwa die acht Medizinstudenten, die 1871 nahe dem Cárcel de Tacón füsiliert wurden. Ein Denkmal an dieser Stelle erinnert noch heute an die Exekution. Der Freiheitskämpfer und Dichter José Martí (s. S. 37), bis heute berühmtester Sohn der Stadt, lernte bereits im Alter von 17 Jahren die Kerker Havannas kennen.

American way of life

1895 begann der dritte und letzte Unabhängigkeitskrieg Kubas gegen das spanische Königreich. Als 1898 der **US-amerikanische Kreuzer „Maine"** im Hafen von Havanna unter bis heute ungeklärten Umständen explodierte, sahen die USA den Anlass gegeben, in das Kriegsgeschehen zugunsten der kubanischen Befreiungsarmee einzugreifen (Spanisch-Amerikanischer Krieg). Dem Hotel Nacional 26 gegenüber erinnert heute das Monumento al Maine am Malecón an diese Wendung der Geschichte.

Am 20. Mai 1902 wurde Kuba **Republik „unter Aufsicht" der USA.** Die Jahre von 1902 bis 1959 waren ganz von der Macht des US-Dollars und vom „American way of life" gekennzeichnet, der seine Spuren vor allem in der Hauptstadt hinterlassen hat. Die Aufschüttung der Ufermole Malecón, mit der man im Jahre 1901 begonnen hatte, wurde Anfang der 1950er-Jahre abgeschlossen. Er bildet die Brücke zu den Stadtteilen Vedado und Mira-

018hv Abb.: js

Mahnmal für von den Spaniern exekutierte Freiheitshelden

mar. Miramar gestaltete man als luxuriöses Villenviertel mit einer 5th Avenue (Avenida Quinta = Av. 5ta) nach New Yorker Vorbild. Die „goldenen" 1920er-Jahre brachten Havanna neue Hotels, elegante Clubs, Spielcasinos, Tanzbars und diese sorgten für eben jenes Flair, für das Havanna bis 1959 berühmt war. Die „Schmutzige Schöne" wurde Zentrum von Prostitution, Glücksspiel, Schmuggel und wichtiger Stützpunkt der Mafia.

Von der kubanischen Revolution bis zur Gegenwart

Nach jahrelangem Guerillakampf im Osten der Insel zog **Fidel Castro** am 8. Januar 1959 unter dem Jubel der Habaneros in die Hauptstadt ein. Die darauffolgenden Maßnahmen der siegreichen Revolutionäre hatten weitreichende Folgen.

Heute sind die Bordelle aus Havanna verschwunden, nicht aber die Bars und Nachtclubs. Das Leben pulsiert wie eh und je. Im Nobelstadtteil Miramar finden sich grandios renovierte Villen, oft belegt von Botschaften und Handelsvertretungen.

Die in den 1990er-Jahren einsetzenden Bemühungen bei der **Restaurierung Habana Viejas** (s. S. 27) zeigen architektonisches Können und Liebe zum Detail. Wer jedoch etwas abseits der üblichen Touristenpfade durch die Stadt schlendert, ist schockiert von den verrottenden Bauten, den furchterregenden Schlaglöchern und anderen Anzeichen der Verwahrlosung. Man spürt die drückende Enge der Wohnungen, stößt auf verfallende Palacios und barocke Innenhöfe, die mit behelfsmäßigen Umbauten, Anbauten und Verschlägen aller Art versehen sind. Unmittelbar daneben plötzlich eine schicke neue Bar, aufwendig restaurierte Fassaden aus der Kolonialzeit oder ein mit ausländischen Investitionen neu errichtetes Sternehotel. Entsprechenden Großprojekten mussten zuletzt Institutionen wie das Cine Payret und die Sala Polivalente Kid Chocolate weichen, beides vis-à-vis des Capitolio 21 in unschlagbarer Top-Lage.

Der Alltag ist zu Beginn des Jahres 2024 für einen großen Teil der Bevölkerung geprägt von den Auswirkungen der anhaltenden **Wirtschafts- und Versorgungskrise.** Nur Personen mit regelmäßigem Zugang zu Devisen (Euro, US-Dollar etc.) leben in materieller Hinsicht verhältnismäßig sorgenfrei.

Leben in der Stadt

„Kuba ist weder das Paradies noch die Hölle. Es ist ein wunderbar irdisches Abenteuer." (Eduardo Galeano, 1940–2015, Schriftsteller aus Uruguay)

Kubanische Mentalität

Ganz grundsätzlich wird man sagen dürfen, dass Kubaner den schönen Dingen des Lebens sehr positiv gegenüberstehen. Die meisten Kubaner sind **aufgeschlossen, direkt, diskutieren gerne**, sind außerordentlich **gesellig** und **kontaktfreudig** und insgesamt eher **extrovertiert.** Sie sind auch und gerade Fremden gegenüber sehr offen und wenig voreingenommen, man kommt leicht mit ihnen ins Gespräch und wird erstaunt sein, wie gut sie über internationale Themen informiert sind. Kubaner sind **hilfsbereit** und grundsätzlich **großzügig.** Gerade dieser Charakterzug wird den materiell meist viel besser gestellten ausländischen Besucher verblüffen. Die Herzlichkeit, mit der das Beste geboten wird, das man im Hause hat, das Bemühen, dem Fremden zu helfen und Sprachbarrieren zu überwinden, ist ein Erlebnis, das den im Vergleich manchmal weniger offenen Mitteleuropäer beschämen kann.

Kubaner lieben **Kinder** abgöttisch, und nicht nur die eigenen. Der Nachwuchs genießt viele Privilegien. Kubaner legen außerdem großen Wert auf ein **gepflegtes Äußeres.** Mit oft bescheidenen Mitteln versucht man, sich entsprechend der aktuellen örtliche Mode einzukleiden und zu parfümieren. Für den Gammel-Look mancher Strand- und Rucksacktouristen haben viele Kubaner wenig Verständnis und machen untereinander gerne entsprechende Witze. Ungewohnt ist der **Umgangston** der Kubaner untereinander. Eine gängige Anrede ist *compañero* (Genosse) bzw. *compañera* (Genossin) oder gar *hermano* (Bruder) bzw. *hermana* (Schwester) sowie manchmal auch in Anlehnung an ein auffallendes äußeres Merkmal z. B. *flaco* (Dünner), *joven* (junge Person) oder *bonita* (hübsche Frau). Diese auch gegenüber Wildfremden gebrauchte Art der Anrede ist nicht ironisch gemeint. Zwar gibt es nach wie vor krude Vorurteile und Klischeedenken zwischen den Ethnien und Geschlechtern, im Alltag kommen sie aber nicht laufend sichtbar zum Tragen.

Die **Einwohner Havannas („Habaneros“)** stehen auf ganz Kuba in dem Ruf, **ein wenig arrogant** zu sein. Und in der Tat gehen die Uhren in der Hauptstadt anders. Habaneros sind geschäftstüchtiger, agiler und „hektischer“ als ihre Landsleute. Von den Bewohnern der Ostprovinzen *(palestinos)* und insbesondere ihren Mitbürgern aus Santiago de Cuba *(santiagueros)* haben sie eine denkbar schlechte und von Ressentiments geprägte Meinung. Personen aus dem ländlichen Westen, z. B. aus Pinar del Río und Umgebung, schreiben sie ein eher schlichtes Gemüt zu.

Kubanischer Alltag

Auch während der großen Wirtschaftskrise in den 1990er-Jahren und der kleineren zwischen etwa 2008 und 2011 bedeuteten den meisten Kubanern die **Errungenschaften ihrer Revolution** viel: geringe Kindersterblichkeit, hohe Lebenserwartung, eine überdurchschnittlich gebildete Bevölkerung und sehr positive Gesundheitsstatistiken (trotz großer Versorgungsprobleme in den Krankenhäusern und Apotheken). Die Rassentrennung wurde von den Revolutionären aufgehoben und die Gleichberechtigung von Frauen garantiert. Setzt man die Bevölkerungszahl in Relation zu den bei internationalen Sportwettkämpfen erzielten Erfolgen, ist Kuba außerdem eine der sportlich erfolgreichsten Nationen der Welt.

0019hv Abb.: js

⊳ *„Eine bessere Welt ist möglich!“, sagt Fidel und erhält einen neuen Anstrich*

020hv Abb.: js

Dennoch zeigte die Insel seit dem Wegfall der wirtschaftlichen Unterstützung durch die ehemalige Sowjetunion ein deutlich anderes Gesicht: Ohne Erdöl, Ersatzteile und Lebensmittellieferungen brachen die industrielle und landwirtschaftliche Produktion, der Export und die Versorgung der Bevölkerung zusammen. Seit Beginn der 1990er-Jahre hat sich eine **Schatten-Infrastruktur** gebildet. Man schlägt sich durch, erfindet neue Jobs und Dienstleistungen und schröpft unermüdlich Staat und Touristen. Halb Kuba hängt am finanziellen Tropf im Ausland lebender Verwandter: Viele Familien könnten ohne deren regelmäßige Geldüberweisungen kaum überleben. Wer in den kubanischen Alltag eintaucht, lernt erstaunlich fantasievolle Methoden kennen, mit denen Kubaner den täglichen Kampf *(la lucha)* meistern.

Fischer genießen die Ruhe vor dem nächsten Fang

Die historische **Wiederannäherung zwischen Kuba und den USA** in den 2010er-Jahren hatte für die meisten Kubaner keine größeren unmittelbar spürbaren Auswirkungen. Während der Amtszeit Donald Trumps kühlte das Verhältnis wieder ab und unter Präsident Joe Biden taute es nicht – wie von vielen erhofft – schlagartig wieder auf.

Kubanische Widersprüche

Der kubanische Liedermacher Pedro Luis Ferrer (geboren 1952) hat absolut recht, wenn er in einem berühmt gewordenen Bonmot feststellt: Kuba ist kein kommunistisches, sondern ein **kompliziertes Land!**

Kapitalismus vs. Sozialismus

Bescheidener Lifestyle ist lediglich Kubanern ohne Zugang zu Devisen zugedacht. Ausländische Touristen dürfen und sollen dem Konsum möglichst intensiv frönen. Der Staat braucht schließlich Devisen!

Mit der Ausweitung der Erlaubnis privatwirtschaftlicher Betriebe haben sich manche Trennlinien der seit Jahrzehnten unübersehbaren ökonomischen Separierung verschoben. Sozialismus-Puristen alten Schlags beklagen lautstark den wirtschaftlichen Aufstieg der sogenannten *nuevos ricos* (neureiche Selbstständige).

Überleben a lo cubano

Hier ein kurzer Blick auf die wichtigsten Überlebensstrategien im von einer fortwährenden Wirtschaftskrise geplagten Tropensozialismus unserer Tage: Das **Bezugsscheinheft** *libreta* soll mit einem aus den Grundnahrungsmitteln bestehenden Lebens-

Kuba – Landeskunde im Schnelldurchgang

- **Lage und Größe:** Kuba liegt an den Randtropen, unmittelbar südlich des nördlichen Wendekreises (Havanna: 23° N, 82° W). Die größte der Antilleninseln umfasst ein Territorium von knapp 111.000 km², ist 1250 km lang, an der schmalsten Stelle nur 31 km breit, an der breitesten 193 km.
- **Klima:** Die Jahres-Durchschnittstemperatur liegt je nach Region bei 25 °C bzw. 30 °C. Das Meer hat das ganze Jahr über Badewannentemperatur. Die Hurrikansaison dauert von Juni bis Ende November (mit Schwerpunkt im Herbst). Dort, wo Hurrikane auf Land treffen, richten sie in der Regel schwere Schäden an.
- **Bevölkerung:** Die Einwohnerzahl Kubas beträgt derzeit rund 11 Millionen. Davon leben etwa 20 % in Havanna (2,1 Millionen Einwohner). Die Bevölkerung stagniert mehr oder weniger und die durchschnittliche Lebenserwartung liegt bei 80 Jahren. Bei einer Volkszählung im Jahr 2012 konnten die Kubaner selbst ihre Hautfarbe einschätzen: 9 % der Bevölkerung bezeichneten sich als Schwarze, 27 % als Mulatten und 64 % als Weiße.
- **Soziale Daten:** Nach der Revolution von 1959 hat sich die soziale Lage der Bevölkerung insgesamt deutlich verbessert und ist in einigen Bereichen mit dem Standard von Industrienationen vergleichbar. Die Säuglingssterblichkeit liegt bei 4 pro 1000 Geburten. Die Analphabetenquote ist mit weit unter 1 % niedriger als etwa in den USA.
- **Wirtschaft:** Zu den wichtigsten Exportprodukte zählen Zucker, Tabak, Pharmazeutika, Kobalt und Nickel. Neben den Geldtransfers von Verwandten und Freunden im Ausland stellt der internationale Tourismus eine herausragend wichtige Devisenquelle dar. Zuletzt begrüßte man jährlich knapp 2,5 Millionen Auslandsgäste, wobei die Kanadier die Statistik mit Abstand anführen.
- **Staatsform:** Kuba ist seit 1959 eine Sozialistische Republik. Mit Ausnahme der Kommunistischen Partei Cubas (PCC) sind politische Parteien nicht erlaubt.
- **Religion:** Über die Religionszugehörigkeit der Kubaner gibt es keine aktuellen Daten. Nach Schätzungen von 2020 sollen knapp 60 % christlichen Konfessionen angehören. Populär sind auch afrokubanische Religionen wie Santería (s. S. 25) und Palo Monte. Ihre Anhängerschaft hat in den wirtschaftlich schwierigen Jahren seit 1990 zugenommen. Wichtige Zentren der afrokubanischen Religionen sind Havanna, Matanzas und die Ostprovinzen.
- **Bildung:** Seit der Alphabetisierungskampagne in den 1960er-Jahren kann fast jeder Kubaner lesen und schreiben. Ganztagsschulen garantieren die Betreuung von Schulkindern bis relativ spät am Nachmittag. Bildung und Ausbildung sind bis zum Uni-Abschluss und darüber hinaus im Prinzip kostenfrei.
- **Kommunikation:** Die überwiegende Mehrheit der Kubaner im Jugendlichen- und Erwachsenenalter besitzt ein Handy. Die Zahl der Personen, die das Internet (zumindest gelegentlich) nutzen, soll im Jahr 2021 bei fast acht Millionen gelegen haben.

mittelkorb von Reis über Zucker bis Bohnen zu stark subventionierten Preisen die Basisversorgung der Bevölkerung sichern. Leider ist die praktische Umsetzung dieser Idee gerade in Havanna mit viel Frust (Schlangestehen, leere Regale) für den Endverbraucher verbunden und selbst ohne Lieferengpässe reichen die Libreta-Artikel nicht einmal für zehn Tage. Darüber hinaus ist die Liste dieser Produkte in jüngerer Zeit immer kürzer geworden.

Also müssen **Devisen** her: Glücklich, wer spendable Verwandte oder Gönner im Ausland hat! Nicht minder privilegiert sind die Entscheidungsträger an den Schaltstellen der kubanischen Wirtschaft. Eine dritte Gruppe verkauft irgendetwas: Vom selbst gebrühten Kaffee über gefangene Fische und Langusten, lebende Hühner und Schweine, Milch, Eier, Zigarren, Seife, Klopapier etc. – bis hin zu Dienstleistungen aller Art wird alles Mögliche und Unmögliche angeboten.

Für die restliche Bevölkerung bleiben Genügsamkeit, Kontakte zu Touristen und das Dickicht der alltäglichen Schattenwirtschaft. So manipulieren Verkäufer die staatlich festgesetzten Preise zu ihren Gunsten oder zwacken handelbare Güter an ihrem Arbeitsplatz ab. Das verbreitete Manipulieren und Unterschlagen wird nicht als Diebstahl, sondern eher als legitimer „zweiter Arbeitslohn" aufgefasst.

Lebensfreude und Absurditäten

Auf den ersten Blick erscheint es vielleicht seltsam, dass sich die kubanische Vitalität häufig mit einer gewissen Lethargie abwechselt. Diese ist zum einen möglicherweise auch eine Folge des Tropenklimas, zum anderen aber wohl auch Ausdruck des Verdrusses, den die in wirtschaftlicher Hinsicht oft bedrückenden Lebensbedingungen bereiten. Kubaner haben gelernt, die von exaltierten Exzessen unterbrochene Tristesse auszuhalten. Gegenüber einer Wiederannäherung Kuba/USA sind viele durchaus positiv und erwartungsvoll eingestellt.

Wer sich näher für Spezifika der kubanischen Mentalität interessiert, besorgt sich den im Reise Know-How Verlag erschienenen, 300 Seiten starken Band **„KulturSchock Cuba"**.

Mein Tipp

Mitbringsel für Kubaner

In Kuba freut man sich aufgrund der Versorgungskrise auch über (vermeintlich) kleine Geschenke: **Kleinelektronik** aller Art von Speichermedien über Powerbanks bis (In-Ear-)Kopfhörer, aber auch **Nahrungs- und Genussmittel**, an denen es Kubanern besonders mangelt wie z. B. Schokolade, Milchpulver und – kein Witz – Gelatinepulver. Für Kinder außerdem gerne **Schreibutensilien** aller Art, Bälle und anderes **Spielzeug.** Natürlich beachte man die Zollvorschriften (s. S. 111)!

112hv Abb.: ©simonovstas, stock.adobe.com

Mit seinem feinsandigen, fast weißen **Strand,** der sich 17 km an der Halbinsel entlangzieht, ist Varadero der Inbegriff des Karibik-Badeurlaubs und lockt Urlauberscharen aus aller Welt an. Wer also Sonne, Sand und Meer erleben möchte, ist hier goldrichtig.

120 km östlich von Havanna befindet sich hier der den USA nächstgelegene Punkt Kubas. Am westlichen Ende der Halbinsel Hicacos, die, der Form eines Bleistifts nicht unähnlich (s. Foto S. 91), nordostwärts in den Atlantischen Ozean hineinragt, liegt das **ehemalige Fischerdorf Varadero.** Verkehrshauptschlagader des Ortes ist die **Avenida 1ra (Avenida Primera).** Südlich der Siedlung führt die **Autopista del Sur** weiter bis zur Bleistiftspitze.

Derzeit gibt es auf der Halbinsel weit über 50 Hotelanlagen verschiedener Preisklassen. Tendenziell werden die Ressorts Richtung Osten luxuriöser, geräumiger und dementsprechend kostspieliger.

Autos wird kurz vor der Einfahrt nach Varadero eine geringe **Mautgebühr** berechnet.

KURZ & KNAPP

Bedeutung des Ortsnamens

Varadero ist die spanische Bezeichnung für „Trockendock", also ein Ort, an dem Schiffe gebaut bzw. mit Rampen an Land gezogen und repariert werden. In der Kolonialzeit wurden an den Ufern **Ausbesserungsarbeiten an der spanischen Flotte** vorgenommen. Bei dieser Gelegenheit versorgte man sich auch mit dem für die Haltbarmachung von Fleisch nötigen Salz.

Der Ort Varadero liegt am Südwestende der **„Península (Halbinsel) de Hicacos".** Bei Hicacos handelt es sich um eine Baumart.

Eine Neuerung jüngerer Zeit ist die Entwicklung der schicken **Flanier- und Konsummeile „Boulevar"** zwischen den Calles 62 und 64 und deren näherer Umgebung (s. Karte S. 97). In einer frisch gepflasterten Fußgängerzone schlendert man zwischen Läden und Lokalen verschiedener Art. Auch ballen sich hier für Varadero-Besucher relevante Einrichtungen wie z. B. Infostellen und Touren-Anbieter.

Kompakte Geschichte Varaderos

1511: Als die Spanier auf Kuba eintreffen, ist die Halbinsel von Ureinwohnern besiedelt.

16.–19. Jh.: Die spanischen Kolonialherren roden die ursprünglich bewaldete „Península de Hicacos" und nutzen die örtlichen Gegebenheiten für Schiffsreparaturen und die Meersalzgewinnung.

Ende 19. Jh.: Die ersten Sommerhäuser und Hotels werden errichtet.

Ab 1920: US-amerikanische Millionäre entdecken Varadero als Winterreiseziel.

1930er: Der Großindustrielle DuPont handelt mit Grundstücken und lässt für sich selbst ein herrschaftliches Anwesen bauen – heute die Xanadú Mansion (48).

1950er-Jahre: erster Boom des Massentourismus

1960er–1980er-Jahre: Nach dem Sieg der kubanischen Revolution werden Strandvillen und -hotels enteignet.

Ende der 1980er-Jahre: Der Ausbau Varaderos zu einem internationalen Seebad von Weltrang beginnt. All-inclusive-Anlagen dominieren bis heute die Szenerie.

1989: Eröffnung des neuen Flughafens von Varadero (s. S. 106) durch Fidel Castro

Vorseite: Kilometerweit ragt die Halbinsel in den Atlantik

102hv Abb.: js

2011: Privatunterkünfte (*casas particulares*) dürfen nun auch in Varadero offiziell vermietet werden.

2017: Kuba begrüßt fast 5 Millionen Touristen, allein in Varadero sind es rund 500.000.

ab 2020: Die Auswirkungen der globalen COVID-19-Pandemie und der fortwährenden kubanischen Wirtschaftskrise treffen auch Varadero hart.

Januar 2024: Ein internationales Expertengremium zählt Varaderos Strände zu den 50 besten weltweit.

Varadero entdecken

Varadero hat nicht viele „klassische" Sehenswürdigkeiten vorzuweisen. Hier die wichtigsten Spots, die sich auf der Halbinsel für Ausflüge, Stippvisiten und Besichtigungen anbieten, sortiert von West nach Ost:

Varaderos katholische Kirche ist der hl. Elvira geweiht

46 Iglesia Santa Elvira ★ [S. 96]

Varaderos mit Abstand größte Kirche wurde in den 1930er-Jahren im Kolonialstil errichtet. Die recht schmucklose Fassade des steinernen Gotteshauses wird von einem kleinen hufeisenförmigen Glockenturm mit Kreuz gekrönt. Das Innere besticht durch einen gefälligen Mix aus Stein und Holz. Außerhalb der Gottesdienste nur unregelmäßig geöffnet.

› Avenida 1ra, Ecke Calle 47, So 11 Uhr katholische Messe

47 Parque Josone ★★ [S. 96]

Eingerahmt von den beiden geschäftigen Verkehrsadern Avenida 1ra und Autopista del Sur sowie den Calles (Straßen) 58, 59 und 60 erstreckt sich seit den 1940er-Jahren eine **Oase der Ruhe mit gepflegten Gartenanlagen und einem künstlichen See** voller Tret- und Ruderboote.

Initiatoren und erste Nutzer des damals noch privaten Parks waren José

Meine Tipps

Varadero-Rundfahrt mit dem Hop-on-Hop-off-Bus

Wer sich preisgünstig einen schnellen Überblick über die gesamte Halbinsel verschaffen möchte, fährt eine Runde mit den Bussen der **VaraderoBeachTour.** Die rot-blauen, oben offenen Doppeldeckerbusse verkehren grundsätzlich auf einem Rundkurs von ca. 9 bis mindestens 17.30 Uhr im 30-Minuten-Takt. Auf Haltestellen *(paradas)* trifft man alle paar Hundert Meter. Das **Tagesticket** kostet 5 US-Dollar und berechtigt zu beliebig vielen Ein- und Ausstiegen. **Achtung:** Tickets können derzeit (Anfang 2024) offiziell nicht gegen Barzahlung (US-Dollar, Euro etc.) erworben werden, sondern nur per (Kredit-) Kartenzahlung beim Einsteigen, über die App „EnZona" oder die Website www.rentcarcuba.com/es/pages/ver/bustour und bei einigen Reise- und Mietwagenbüros.

Anders als früher sind die **Paradas** nicht mehr durchnummeriert. Als dies noch der Fall war, bildete die Haltestelle an der Ecke Avenida 1ra/Ecke Calle 21 die Parada No. 1. Auf seiner Fahrt ostwärts passiert der Cabrio-Doppeldecker von dort aus zunächst Paradas, die so heißen wie die Querstraßen, an denen sie liegen, z. B. Calle 54 vor und Calle 62 nach dem zentralen Parque Josone 47. Danach sind viele Haltestellen nach bekannten Hotels in ihrer Nähe benannt, z. B. Barceló Solymar oder Sol Palmeras. Markante Punkte auf dem Weg zur Spitze der Halbinsel sind außerdem die Marina Chapelín und das Delfinarium. Auf der Rückfahrt westwärts tragen die Haltestellen oft dieselben Namen wie ihre schon von der Hinfahrt bekannten auf der gegenüberliegenden Straßenseite. Beispiele dafür sind (wieder) das Delfinarium und das Hotel Sol Palmeras. Westwärts wird außerdem ein Stopp beim Varadero Golf Club (s. S. 95) eingelegt. Dem Ausgangspunkt der hier beispielhaft beschriebenen Rundfahrt schräg gegenüber befindet sich eine Haltestelle an der Ecke Avenida 1ra/ Ecke Calle 22. Weiter westwärts geht es vorbei an den Hotelanlagen Villa Tortuga (s. S. 103) und Club Kawama zum westlichsten Punkt des VaraderoBeachTour-Trips. Auf der Rückfahrt zum Ausgangspunkt hat das Restaurant La Sangría eine eigene Parada. Wer die komplette Runde abfahren möchte, darf mit deutlich über einer Stunde Fahrzeit rechnen.

Die grün-blauen **PanoramicBusTour-Busse** werden derzeit (Anfang 2024) auf derselben Route eingesetzt.

Varaderos Nachtbus

Auf einer nicht die ganze Halbinsel umfassenden Route verkehrt von ca. 21 bis maximal ca. 3 Uhr nachts der **Varadero NightBus.** Nachtschwärmer steuern mit diesem für eine einmalige Zahlung von 3 US-Dollar Spots wie z. B. die für Liveacts berühmte Bar The Beatles und die Party-Location Cueva del Pirata (beide s. S. 101) an.

103hv Abb.: js

und Onelia Fermín, Eigentümer der Rumfabrik im nahegelegenen Städtchen Cárdenas. Auf der Suche nach einem originellen Namen für ihr Anwesen verschmolzen sie die Anfangsbuchstaben ihrer Vornamen zum Kunstwort „Josone“.

Sowohl im auf dem Parkgelände errichteten Wohnhaus als auch im daneben liegenden Gästehaus sind heute **schicke Restaurants** untergebracht: In ersterem das feine El Retiro, in letzterem der Edel-Italiener Dante (s. S. 98).

Im Park finden regelmäßig **Veranstaltungen** statt und in der Hauptsaison freuen sich nicht nur Kinder über unterhaltsame Gags wie zum Beispiel sprechende Papageien, mit denen man sich fotografieren lassen kann.

› **Verleih von Tret- und Ruderbooten** gegen Gebühr

48 Xanadú Mansion ★★ [S. 98]

Die vom Industriellen DuPont in den 1930er-Jahren im Art-déco-Stil direkt am Strand erbaute **Privatvilla** dient heute nicht nur als Golf-Clubhaus, sondern auch als nobles Hotel (s. S. 103). Außerdem ist in der ehemaligen Bibliothek das relativ kostspielige **Restaurante Las Américas** (Tel. (0)45667750) untergebracht. DuPonts Ballsaal wurde zu einer stimmungsvollen **Bar** umfunktioniert und sein privater Golfplatz hat sich zwischenzeitlich zum renommierten **Varadero Golf Club** (18 Loch, Greenfee kostspielig) gemausert. Hotelgäste der Xanadú Mansion genießen u. a. Balkone mit Meerblick und die Nutzung des Golfplatzes ohne Zusatzkosten.

Wer nicht das nötige Kleingeld für eine Übernachtung oder ein Abendessen in dem herrschaftlichen Anwesen zur Hand hat, könnte sich zumindest einen Kaffee oder Drink an der Bar im ehemaligen Ballsaal gönnen.

› Tel. (0)45667388, https://varaderogolfclub.com/the-xanadu-mansion

49 Reserva Ecológica Varahicacos ★ [S. 98]

Kurz vor der Spitze der Halbinsel wurde in den 1970er-Jahren ein ca. 2–3 km² großes Schutzgebiet namens **Reserva Ecológica Varahicacos** eingerichtet, das zu Spaziergängen einlädt. Es stehen drei als Lehrpfade gestaltete Routen zur Auswahl. Wander- und Naturfreunde sollten allerdings nicht zu viel erwarten.

Industriearchäologisch Interessierte werden bei den Überresten der 1961 geschlossenen **Meerwasser-Saline** *(ruinas de la salina)* vorbeischauen.

Meistfotografierte Sehenswürdigkeit im Osten Varaderos ist der baumförmige **Riesen-Kaktus „El Patriarca“ („Der Patriarch“).** Um zu dem haushohen Giganten vorgelassen zu werden, ist eine Gebühr fällig. Eine Infotafel verrät, dass er bereits zu Zeiten der spanischen Conquista existierte. Eine Umzäunung soll ihn vor weiteren Schnitzarbeiten an seinem 1 Meter hohen holzartigen Stamm schützen. Der *Dendrocereus nudiflorus* – so der botanische Name des riesigen Gewächses – gedeiht vor allem an Kubas Nordküste. Wegen seiner erstaunlich großen Früchte wird die Kakteenart von Kubanern auch *aguacate cimarrón* („wilde Avocado“) genannt.

› Autopista del Sur km 16, geöffnet: tägl. 9–17 Uhr, mit Eintritt, Guides kosten extra

Varadero West

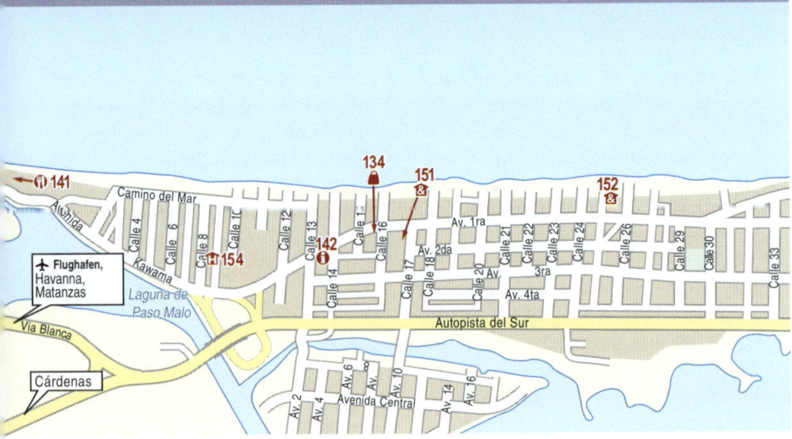

50 Cueva de Ambrosio ★★ [S. 98]

Größte touristische Attraktion in der Umgebung des Bioreservats 49 sind Höhlen und Grotten, die in der Kolonialzeit Piraten als Unterschlupf gedient haben sollen. Die „Ambrosius-Höhle" ist die größte und touristisch am besten erschlossene. Besonderheiten sind die beachtliche Fledermaus-Population und Wandzeichnungen, von denen nicht ganz klar ist, wer sie wann zu welchem Zweck angefertigt hat. Die Führung durch den rund 300 Meter langen, für Besichtigungen freigegebenen Bereich dauert ca. 30 Minuten.

Der Eingang zur Höhle **Cueva Musulmanes** („Muselmänner-Höhle") befindet sich einige Gehminuten weiter nordöstlich (mit Eintritt, wobei die Benutzung der Wanderwege – *senderos* – in der Umgebung der Höhlen im Eintrittspreis inbegriffen ist).

Hobby-Höhlenforscher, denen das noch nicht genügt, könnten sich für den auf S. 47 empfohlenen **Ausflug zu den Höhlen von Bellamar** interessieren.

› Autopista del Sur km 16, geöffnet: tägl. 10–17 Uhr, mit Eintritt

Praktische Reisetipps

Einkaufen

Für kubanische Verhältnisse lässt es sich in Varadero gut shoppen. In der touristisch besonders relevanten Zone am westlichen Ende der Halbinsel werden ungefähr zwischen den Calles 15 und 64 gefühlt alle 30 Meter **Kunsthandwerk und sonstige Souvenirs** feilgeboten, auch Kioske und kleine Supermärkte sind vorhanden. Größere Hotels verfügen manchmal über Läden im Erdgeschoss, die auch Nicht-Hotelgästen offenstehen.

Haupteinkaufsstraße ist die **Avenida 1ra.** Vor allem in den Blocks vor und hinter dem Parque Josone 47 herrscht kein Mangel an Shops aller Art.

133 [S. 96] **Centro Comercial Hicacos,** Avenida 1ra, e/Calles 44 y 46. Eine Art Mini-Mall mit Kiosken, Imbiss-Bars, Boutiquen und diversen Läden auf mehreren Stockwerken.

134 [S. 96] **Gran Parque de la Artesanía,** Avenida 1ra, e/Calles 15 y 16. Großer Markt für Souvenirs und alle möglichen und unmöglichen Handarbeiten. Ein wenig Feilschen gehört stets dazu!

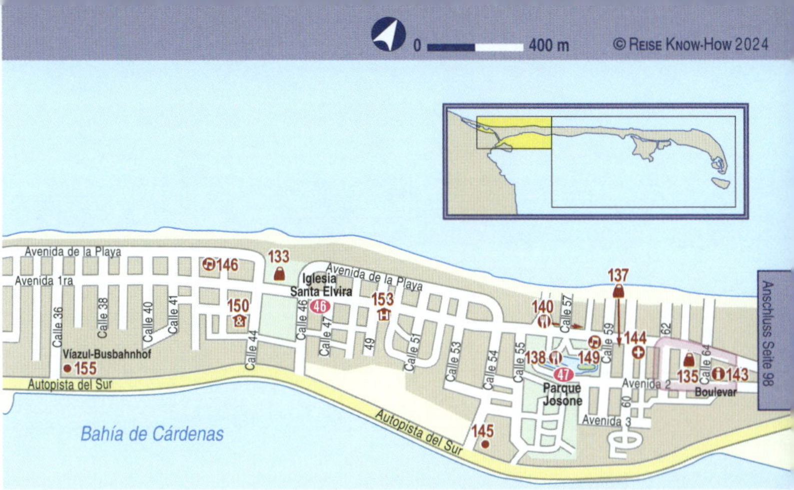

135 [S. 96] **La Casa del Habano (Varadero),** Avenida 1ra, Ecke Calle 63. Große Auswahl an Zigarren aller gängigen Marken und Formate.

136 [S. 98] **Plaza América,** am gleichnamigen Platz in der Mitte der Halbinsel. Großes Einkaufszentrum mit Läden aller Art sowie einem Optiker und einer Apotheke.

137 [S. 96] **Taller de Cerámica,** Avenida 1ra, e/Calles 59 y 60. Hochwertige Keramikarbeiten. Interessierte Kunden können den Herstellungsprozess vor Ort mitverfolgen.

KURZ & KNAPP

Varaderos viele Vorzüge

Als weltberühmter Badeort und wichtige Einnahmequelle des Staates ist Varadero in vielerlei Hinsicht privilegiert. Beispielsweise ist die **Versorgungslage** wesentlich besser als in weiten Teilen Kubas und auch auf die **touristische Infrastruktur** ist Verlass – so bleibt der Ort etwa von den landesweit gefürchteten *apagones* (Stromausfällen) verschont und es gibt relativ preisgünstige Optionen, von anderswo auf der Insel aus unkompliziert anzureisen.

104hv Abb.: js

Läden und Basare mit Kunsthandwerk gibt es in Varadero reichlich

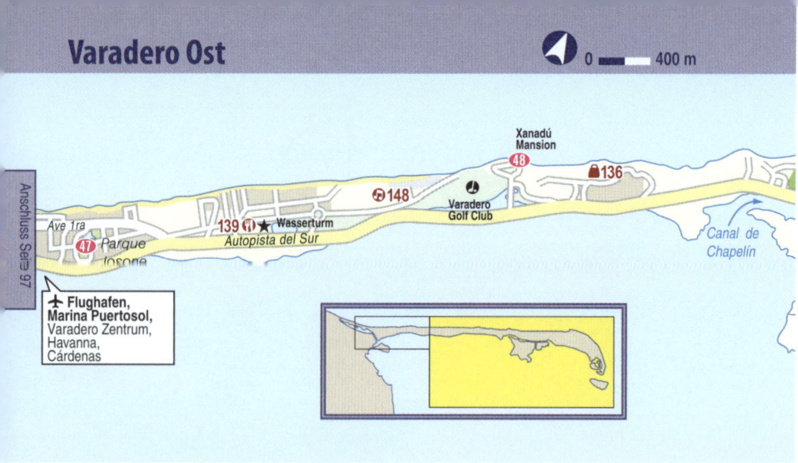

Anschluss Seite 97

105hv Abb.: js

Auch außerhalb der Hotelanlagen muss in Varadero niemand hungrig bleiben

Gastronomie

Varadero hat eine ordentliche Bandbreite an kulinarischen Möglichkeiten. Hier eine Auswahl an empfehlenswerten Restaurants:

- **138** [S. 96] **Dante** €-€€, Avenida 1ra, Ecke Calle 56 (im Parque Josone 47), Tel. (0)45667738. Exzellente italienische Kost von Pizza über Pasta bis Lasagne. Kleiner, sehr beliebter Außenbereich beim See. Die benachbarten Restaurants „La Gruta del Vino" (Weingrotte) und „El Retiro" gelten als noch gehobener – dort kommen zum Beispiel Langusten auf den Tisch.
- **139** [S. 98] **El Mesón de Quijote** €€, Avenida Las Américas, Tel. (0)45667796. Hier gibt es eine große Auswahl und ordentliche Portionen. Das auf einem Hügel gelegene Restaurant ist leicht zu finden: Unmittelbar daneben reitet ein metallener Don Quijote auf einen wuchtigen steinernen Turm zu. Der Turm kann betreten, allerdings nicht erklommen werden.
- **140** [S. 96] **El Rancho** €€, Avenida 1ra, Ecke Calle 58, Tel. (0)45612632. Nomen est omen: Das Restaurant ist einer luftigen Ranch nachempfunden. Es gibt auch Langusten-Gerichte. Regelmäßig Livemusik.

141 [S. 96] **La Casa de Al** €€€, Avenida Kawama, Tel. (0)45668018. Mafiaboss Al Capone soll das kleine Anwesen während der US-amerikanischen Prohibition auch als Alkohollager genutzt haben. Heute werden hier leckere Fischgerichte und Paella serviert. Auf der Terrasse kann man mit Meerblick speisen.

Geldwechsel

Geld kann in größeren Hotels umgetauscht werden, außerdem bei Banken und in den Wechselstuben von CADECA. Allerdings waren Anfang 2024 Varaderos außerhalb der Hotels gelegene CADECA-Filialen geschlossen und die diese betreffen-

Mein Tipp

Varadero Low Budget

Wer das Strandparadies Varadero möglichst günstig erleben möchte, hat mindestens zwei Möglichkeiten: Entweder kann man ein Pauschalurlauber-Arrangement **last minute** mit Flug, Transfer und All-Inclusive-Hotel in der **Nebensaison** (vor allem November und Februar, aber auch die Wochen vor Weihnachten und Ostern) buchen, wobei umfangreiche Recherche und Preisvergleiche entscheidend sein dürften. Oder aber die Eigenanreise erfolgt beispielsweise mit Condor oder Eurowings und man wählt eine Unterkunft in einer vorher ausgewählten **Casa Particular** und **versorgt sich selbst** in der Casa beziehungsweise isst in etwas günstigeren Restaurant oder an Kiosken und Imbissen.

Musterbeispiel für die zweite Methode: Der zeitlich flexible Sparfuchs hat tatsächlich Direktflüge von Deutschland nach Varadero und zurück für insgesamt rund 500 € ausgespäht und sich außerdem schon von zu Hause aus in das kleinste Zimmer der Casa Roberto & Martha (s. S. 102) eingemietet. Seine Ferientage verbringt er an Strandabschnitten, die nicht den Gästen der angrenzenden Hotels vorbehalten sind. Günstige Snacks, Drinks und Kaffeespezialitäten genießt er am liebsten im großen Freiluft-Bereich des Imbiss „El Rapido Calle 47“ gegenüber der Iglesia Santa Elvira 46. Hier zahlt man (Stand Anfang 2024) beispielsweise für ein Schweinskotelett mit Beilagen 900 Pesos und für Erfrischungsgetränke beziehungsweise aus Spanien importiertes Dosenbier 200 Pesos.

106hv Abb.: js

den Informationen auf der Website www.cadeca.cu nicht aktuell.

In den Resorts sind manchmal Euros (gesprochen: E-uros) als unmittelbares Zahlungsmittel vorgesehen. Auch in Varadero sollte man unbedingt die Hinweise und Tipps ab S. 113 beachten!

Informationsstellen

Wie in kubanischen Städten von touristischer Relevanz üblich bieten die beiden örtlichen Infotur-Filialen (www.infotur.cu) Basisinformationen zur näheren Umgebung. Insbesondere einfache Karten, Prospektmaterial und Flyer sind reichlich vorhanden.

🛈142 [S. 96] **Infotur Varadero (1),** Avenida 1ra, Ecke Calle 13 (im Hotel Acuazul), Tel. (0)45662966, (0)45662961, **derzeit (Anfang 2024) geschlossen**

🛈143 [S. 96] **Infotur Varadero (2),** Calle 64, Ecke Avenida 2da (innerhalb des Touri-Areals Boulevar), Tel. (0)45631033. Infopunkt von der Größe einer Gartenlaube und mit derzeit (Anfang 2024) unregelmäßigen Öffnungszeiten.

Medizinische Versorgung

✚144 [S. 96] **Clínica Internacional,** Calle 61, Ecke Avenida 1ra, Tel. (0)45667710, (0)45667711, (0)45668611, (0)45636100. Der „Internationalen Klinik" ist auch eine Apotheke angeschlossen.

Mit Kindern unterwegs

•145 [S. 96] **Vergnügungspark Varadero („Todo en uno"),** Autopista del Sur/Ecke Calle 54. Knallbunter Vergnügungspark mit Karussell, Autoscooter etc. Die Fahrgeschäfte sind gebührenpflichtig.

Die Beatles warten vor der gleichnamigen Bar auf Rock-Fans

Touristen lieben Fortbewegung „a lo cubano" (auf kubanische Art)

107hv Abb.: js

Nachtleben

In Varadero gibt es außerhalb der Hotelanlagen weniger Bars, Discos und Clubs, als man in einem Badeort von Weltrang erwarten dürfen sollte. Hier vier Spots, die sich lohnen:

146 [S. 96] **Casa de la Música (Varadero),** Avenida Playa e/Calles 42 y 43, mit Eintritt. Wie in vielen anderen kubanischen Orten, in denen Casas de Música existieren, wird auch in Varaderos „Haus der Musik" großer Wert auf Ambiente und künstlerische Qualität gelegt. Shows und Tanzbetrieb bis frühmorgens.

147 [S. 98] **Cueva del Pirata,** Autopista del Sur km 11. In der „Höhle des Piraten" herrscht ein simples, aber in Varadero vielerorts befolgtes Entertainment-Konzept: Auf eine abendliche Show folgt Discobetrieb. **Derzeit (Anfang 2024) geschlossen.**

148 [S. 98] **La Bamba,** Avenida Las Américas km 2. Die größte und wohl auch modernste und populärste Diskothek Varaderos gehört zum Hotel Tuxpan.

149 [S. 96] **The Beatles,** Avenida 1ra, Ecke Calle 59, Eintritt frei. Die Pilzköpfe aus Liverpool gastieren permanent in Varadero, wenn auch nur als lebensgroße Bronzestatuen vor der sehr empfehlenswerten, nach ihnen benannten Bar. Regelmäßig Live-Rock.

Touren

Ausflüge aller Art bieten die oft in den Eingangshallen der großen Hotelanlagen residierenden Reiseveranstalter. Oft lassen sich die Touren zu Ausflugspaketen kombinieren.

Folgende mehrstündige **Exkursionen** sind von Varadero aus gut machbar:

- **Cárdenas:** Küstenstadt 12 km südlich von Varadero, bekannt für seine vielen Kutschen im Straßenbild
- **Cuevas de Bellamar** (s. S. 47)
- **Cueva Saturno:** Höhle, in der Besucher manchmal auch schnorcheln können, befindet sich zwischen dem Zentrum und Varaderos Flughafen
- **Río Canímar:** mit Miet- und Ausflugsbooten schiffbarer Fluss nahe der Stadt Matanzas, berühmt für sein dschungelartig bewachsenes Ufer

108hv Abb.: js

› **Tropicana (Matanzas):** wesentlich preisgünstiger als Havannas Tropicana (s. S. 68), aber nicht wesentlich weniger sehenswerte Tanzshow

Für einen **Ausflug nach Santa Clara** 44 sollte man nicht weniger als einen kompletten Tag einplanen. Dasselbe gilt für oberflächliche Stippvisiten nach Havanna. Wer sich mehr als nur einen groben Überblick über Kubas Kapitale verschaffen möchte, wird mindestens drei Tage benötigen.

Unterkunft

Seit Privatpensionen in Varadero 2011 legalisiert wurden, sind auch in Kubas Urlaubsort Nr. 1 die *Casas Particulares* wie Pilze aus dem Boden geschossen. Dennoch kommt das Gros der Hunderttausenden Varadero-Reisenden nach wie vor in den zahlreichen Hotels unter.

Casas Particulares

Auch weil viele der lokalen Betreiber in der Tourismusbranche tätig sind bzw. waren, sind Ausstattung und Service in den Privatunterkünften Varaderos vergleichsweise gehoben.

Die Hinweise im **Infokasten auf S. 132** gelten natürlich auch für Varadero. Drei empfehlenswerte „Casas" in Strandnähe:

150 [S. 96] **Casa de la Familia Cubana** €-€€, Avenida 2da No. 4316, e/ Calles 43 y 44, Tel. (0)45669221, Mobil (0)52445074. **Frühstücken im Freien:** Ana Belkys und ihre Familie vermieten bis zu fünf Zimmer. Frühstück im Innenhof 5 € p. P., Fahrradverleih ebenfalls 5 €.

151 [S. 96] **Casa Roberto & Martha** €-€€, Calle 17 No. 102A e/Avenidas 1ra

Gäste in Varaderos Privatpensionen haben es nicht weit zum Strand

y 2da, Tel. (0)45612958, Mobil (0)52389256, varr@nauta.cu. **Mit Familienanschluss:** Drei Unterkünfte, eine davon in der Größe eines kleinen Apartments. Günstige Lage und nur 100 Meter zum Strand.

152 [S. 96] **Yosvany & Yuleisy (Casa No. 08)** €€, Calle 25 No. 8, Ecke Playa, Tel. (0)45612682, Mobil (0)52775660. **Für Ruhesuchende:** Drei Zimmer in einem architektonisch bemerkenswerten kleinen Haus in Küstennähe. Haben Gäste keine Lust, die wenigen Schritte zum Strand zu gehen, sonnen sie sich im Innenhof des zweistöckigen Gebäudes.

Hotels

Vor allem die größeren Hotels sind bewusst so eingerichtet und ausgestattet, dass es nicht unbedingt nötig ist, die Anlage während des Kuba-Aufenthalts zu verlassen.

Reisende, die ihre Hotel-Unterkunft auf eigene Faust organisieren möchten, können bereits zu Hause buchen, etwa mithilfe eines der gängigen Hotelsuchportale (z. B. www.logitravel.de). Denn das ist in der Regel wesentlich günstiger, als sich erst vor Ort umzusehen. Drei Beispiele für typische Varadero-Hotels:

153 [S. 96] **Pullman** €€, Avenida 1ra e/ Calles 49 y 50, Tel. (0)612702. **Preisgünstig:** Der zu dem schlichten Hotel gehörende steinerne Turm ist schon von Weitem zu sehen. Kein direkter Strandzugang vom Hotel aus.

154 [S. 96] **Villa Tortuga** €€-€€€, Calle 9 e/Avenida Kawama y Playa, Tel. (0)45614747, www.villatortugavaradero.com. **Klassisches Ressort:** Beispiel für eine große 4-Sterne-All-inclusive-Anlage. Gelobt wird das reichhaltige Buffet.

48 Xanadú Mansion €€€€. **Geschmackvoll eingerichtet:** Die in den 1930er-Jahren vom US-amerikanischen Milliardär DuPont errichtete Villa mit Golfplatz ist heutzutage nicht nur ein kostspieliges Hotel mit acht geräumigen Zimmern, sondern auch eine Touristenattraktion (s. S. 95).

MEIN TIPP

Bequem und preiswert: hin und weg mit Víazul

Für kostenbewusste Individualreisende ist der Víazul-Überlandbus das Verkehrsmittel der Wahl, um längere Ausflüge von bzw. nach Varadero zu unternehmen. Direktverbindungen bestehen unter anderem mit den Zielen (jeweils Endstation) Havanna (9 €), Trinidad (17 €), Santiago de Cuba (51 €) und Varaderos Flughafen (6 €).

Tipp: Nach Möglichkeit mit mehreren Tagen/Wochen Vorlauf online reservieren (siehe auch Infos auf S. 108). Kurzentschlossene ohne Eile, die keinen Sitzplatz mehr ergattern, können erwägen, sich mit anderen Reisenden zu einer Taxi-Fahrgemeinschaft zusammentun.

•**155** [S. 96] **Víazul-Busbahnhof Varadero,** Autopista del Sur, Ecke Calle 36, Tel. (0)45614846

Verkehrsmittel

Mietwagen

Ein Auto zu mieten ist für Strecken innerhalb der touristischen Zone nicht sinnvoll, da alles günstig und rasch mit den im Folgenden genannten Verkehrsmitteln erreicht werden kann. Für Ausflüge nach Matanzas, Havanna usw. lohnen sich Aufwand und Kosten vor allem, wenn man zu mehreren unterwegs ist. Mietwagenschalter gibt es am Flughafen und in den größeren Hotels (siehe auch S. 108). Ein Anbieter ist z. B. **Transtur** (www.transturvaradero.com).

111hv Abb.: ©kmiragaya, stock.adobe.com

Mopeds

Elektro-Mopeds (Scooter) können in manchen Hotels angemietet werden. Manchmal sind auch Langzeitmieten möglich.

VaraderoBeachTour

Rot-blaue Doppeldecker-Touristenbusse befahren eine feste Route. Für Details siehe „Rundfahrt mit dem Hop-on-Hop-off-Bus" auf S. 94.

Taxis

Man unterscheidet **staatliche Taxis mit Taxameter** und – charmanter und weitaus beliebter – **Oldtimer-Taxis**, in denen der Fahrpreis individuell auszuhandeln ist. Preisbeispiel: Der Transfer vom Flughafen Varadero zu einem Hotel am westlichen Beginn der Halbinsel kostet ca. 30 € pro Fahrt – nicht pro Person (unbedingt vor dem Einsteigen ausdrücklich klären).

Cocotaxis

Cocotaxis gibt es auch in Varadero. Siehe dazu die Infos ab S. 137.

Pferdekutschen

Eine Kutschfahrt ist romantisch, aber kostspielig. Die Preise beginnen bei ca. 10 € pro Person und Trip. Viele Kutscher der „Coches Hicacos" lassen ein wenig mit sich handeln.

Sport

Bei der Organisation von **Wassersport-Aktivitäten**, für die Ausrüstung oder professionelle Anleitung benötigt wird, sind die Hotels behilflich: Tourenanbieter haben in den Lobbys oft Infoecken mit regelmäßigen Öffnungszeiten.

Die Qualität der in Varadero verfügbaren **Sportanlagen** erreicht nicht immer das von zu Hause vielerorts gewohnte Niveau. Das betrifft z. B. den kostenpflichtigen Minigolfplatz an der Ecke Avenida 1ra/Calle 42 und den öffentlichen Tennisplatz an der Avenida 1ra zwischen den Calles 37 und 38.

Kilometerlange Sandstrände machen Varadero zu einem idealen Ziel für Badeurlauber

PRAKTISCHE REISETIPPS

133hv Abb.: js

An- und Rückreise

Internationale Flughäfen Havanna und Varadero

Die meisten Besucher werden über den gut 20 km südlich von Havannas Altstadt liegenden Flughafen **Aeropuerto Internacional José Martí** bzw. über Varaderos Airport **Juan Gualberto Gómez** (20 km südwestlich des Badeparadieses) einreisen.

Condor bietet **Nonstop-Verbindungen ab Frankfurt/Main** sowohl nach Havanna als auch nach Varadero. Die Flugdauer beträgt ca. elf Stunden hin und ca. zehn zurück. Daneben gibt es eine ganze Reihe von **Umsteigeverbindungen**, die billiger sein können als Nonstop-Flüge. Diese sind auch von anderen Flughäfen im deutschsprachigen Raum möglich, beispielsweise über Paris, Madrid oder Amsterdam.

Edelweiss Air hat **Direktflüge von Zürich** nach Havanna im Angebot.

Vorseite: Den Preis für eine Taxifahrt verhandelt man vorab mit dem Fahrer

Flugpreise

Ein Economy-Ticket von Deutschland, Österreich und der Schweiz hin und zurück nach Kuba bekommt man je nach Jahreszeit ab ca. 750 € (inkl. aller Steuern, Gebühren und Entgelte). Hauptsaison sind die Sommerferienzeit und das Winterhalbjahr, in dem die Flugpreise rund um Weihnachten und Neujahr besonders hoch sind – hin und zurück in der Regel deutlich über 1000 €.

¡Bienvenido a Cuba! – Willkommen auf Kuba!

Üblicherweise wird schon vor dem Erreichen der **Einreisekontrollkabinen** von allen Fluggästen das obligatorische **D'VIAJEROS-Formular** (s. S. 110) eingesammelt. Nach einigem Schlangestehen betritt man eine winzige Kabine und reicht dem Beamten in Militäruniform Reisepass und Touristenkarte. Nachdem dieser unverhohlen überprüft hat, ob Antlitz und Passbild des Reisenden übereinstimmen, verschwindet alles zunächst aus dem Blickfeld des Einreisewilligen, von dem mithilfe einer Webcam nun eine Porträtaufnahme angefertigt wird. Beide Hälften der **Touristenkarte** (Details s. S. 110) bekommt man mitsamt Reisepass zurückgeschoben.

Seit 2015 wird wieder direkt in die Pässe **gestempelt** – darauf hatte Kuba jahrzehntelang verzichtet, um Kuba-Urlaubern mögliche Probleme bei Reisen in die USA zu ersparen.

Ein **Summer** signalisiert schließlich, dass die rückwärtige Tür Richtung kubanischer Realität geöffnet werden darf. Bevor man zum Gepäckband vorgelassen wird, ist ein **Metalldetektor** zu passieren und das Handgepäck wird durchleuchtet. Falls sich am aufgegebenen Gepäck ein merkwürdiges kleines Siegel bzw. eine andere auffällige Markierung befindet, darf mit einer **Zollkontrolle** gerechnet werden: Den Beamten ist dann nämlich beim Durchleuchten der Koffer ein potentiell problematischer Gegenstand (vgl. Abschnitt „Zollbestimmungen", S. 111) im Gepäck aufgefallen, und der Kofferinhalt muss vor dem Zollbeamten ausgebreitet werden. Doch keine Panik, das passiert nicht-kubanischen Reisenden nicht oft. Wer auch diese letzte Hürde genommen hat, muss sich jetzt vor dem Ankunftsterminal den **Taxifahrern** stellen ...

Last Minute und Sonderangebote

Wer sich erst im letzten Augenblick für eine Reise entscheidet oder gern pokert, kann Ausschau nach Last-Minute-Flügen halten. Sparfüchse achten außerdem auf Sonderangebote von Condor (z. B. „Eintagsfliegen") oder anderen Fluggesellschaften und werfen einen Blick auf die von LTUR als „Super Last Minute Reisen" vertriebenen Pauschalreise-Restplätze.

Vom Flughafen in die Stadt

Vorbei sind die Zeiten, in denen es in **Havanna** überhaupt keinen vernünftigen öffentlichen Flughafentransfer für Individualreisende gab: Eine neue Linie von **Víazul** (s. S. 141) verbindet die Innenstadt mehrmals täglich mit dem Airport der Hauptstadt. Zielort für die Buchung: „Aero Habana T3". Die Fahrt kostet 10 €.

Mit den zahlreich bereitstehenden Taxifahrern unbedingt vorab den Preis klären und nachfragen, ob dieser pro Person oder pro Fahrt gelten soll! In der Regel verlangen die *taxistas* für die etwa 30-minütige Fahrt in die Innenstadt unabhängig von der Anzahl der Fahrgäste mindestens 25 €.

Theoretisch könnte man auch auf einen Platz in den **Metrobussen** (s. S. 138) P12, P13 oder P16 hoffen. Das ist allerdings ein strapaziöses Unterfangen und nur nervenstarken Reisenden mit kleinem Gepäck zu empfehlen.

Vom **Airport Varaderos** kostet die ca. 30-minütige Taxifahrt nach Varadero rund 30 €. Günstiger geht es auch auf dieser Route mit der Busgesellschaft Víazul (s. S. 141), die derzeit (Anfang 2024) dreimal täglich vom Flughafen Varadero zum Busbahnhof Varadero (10 €) und zweimal pro Tag nach Havanna (12 €) fährt. Die Fahrten sollte man mit Vorlauf reservieren!

Reisevorbereitungen und Sicherheitsvorkehrungen (eine Auswahl)

Unter Umständen ist es ratsam, einer vertrauenswürdigen Person vor der Abreise die Vollmacht für Kontoverfügungen zu erteilen. Auch sollte man klären, wer im **Notfall** telefonisch erreichbar ist und Geld überweisen kann.

Es hat sich ferner bewährt, **Fotokopien und Digitalfotos von Pass, Touristenkarte, Flugticket, Kreditkarten** und anderen wichtigen Dokumenten anzufertigen, die man dann während der Reise getrennt von den Originalen verwahrt oder hinterlegt. Ebenfalls sehr sinnvoll ist es, Scans wichtiger Dokumente in einem Online-Speicher abzulegen. Das kann zum Beispiel ein Cloud-Speicher und/oder ein Ordner des E-Mail-Accounts sein.

Wichtig: Zahlreiche Apps und andere Online-Dienste (zum Beispiel Zahlungen per PayPal) funktionieren in Kuba nur mit auf dem Endgerät eingerichtetem Virtual Private Network **(VPN).** Schon zu Hause daran denken!

Innerkubanische Anreise

Solventen Touristen wird auf Kuba kein Transportwunsch unerfüllt bleiben. Es gilt ganz unsozialistisch: Je mehr Geld im Spiel ist, desto flotter geht es voran. Wer aus der kubanischen Provinz nach Havanna beziehungsweise Varadero reist, hat mehrere Möglichkeiten:

Mietwagen

An allen internationalen Flughäfen besteht grundsätzlich die Möglichkeit, bei einer der großen kubanischen Mietwagengesellschaften ein Auto zu mieten. Je nach Saison kann sich das allerdings schwierig gestalten. Einfacher und meistens auch wesentlich billiger ist es, bereits von zu Hause aus zu reservieren. Hinweise im Abschnitt „Verkehrsmittel" („Mietwagen", s. S. 140) beachten!

Taxis

Gegen recht hohe Bezahlung können sich Reisende von darauf spezialisierten Taxis direkt von ihrem Ankunftsflughafen nach Havanna bzw. Varadero chauffieren lassen. Dieser Service schlägt beispielsweise ab Holguín mit 120 € oder mehr zu Buche. Der Preis ist immer auch Verhandlungssache. Vor dem Einsteigen unbedingt abklären, ob der vereinbarte Preis pro Fahrzeug oder pro Person gilt!

Busse

Die Busse der Gesellschaften Víazul und Astro verbinden alle größeren Städte Kubas miteinander. **Víazul** ist ursprünglich einmal nur für Touristen konzipiert gewesen. Die Víazul-Linie, die mehrmals täglich zwischen Havanna und Vardero verkehrt (einfache Strecke 15 €), sieht auch einen **Stopp an Varaderos Flughafen** vor. In anderen Städten muss man sich zunächst zur Busstation *(estación de guagua)* durchschlagen. Hier bekommt der Reisende auch sein Ticket und lässt sich in die Passagierliste eintragen, sofern die Fahrkarte nicht online über www.viazul.wetransp.com (Kreditkarte erforderlich) bezogen wurde. Insbesondere in der Hochsaison ist die Nutzung des Portals sehr ratsam, denn dann kann es schwierig werden, kurzfristig ein Ticket für die Wunschstrecke zu bekommen. Ein Tipp von Víazul-Mitarbeitern für Optimisten: Zwei Stunden vor der Abfahrt direkt beim Busterminal nach möglichen Restplätzen fragen. Die Gepäckbestimmungen ähneln denen von Flugreisen (Hand- und aufzugebendes Gepäck).

☐ *Che ist allgegenwärtig*

004hv Abb.: js

Kältefalle Überlandbus

Die **Klimaanlage** ist in den meisten Bussen sehr kalt eingestellt. Es ist sehr empfehlenswert, einen Pulli, ein Halstuch und andere nicht wirklich karibische Kleidungsstücke mitzunehmen.

Víazul-Busbahnhof in Havanna:

- •156 [fm] **Terminal de Ómnibuses Nacionales/Interprovinciales,** Avenida de la Independencia No. 101, Ecke Calle 19 de Mayo, Tel. 78709401, nahe der Plaza de la Revolución (auch Víazul-Tickets und Haltestelle)

Havannas **Fernbus-Terminal** ist von den touristisch relevanten Stadtteilen recht weit entfernt. **Tipp:** Bei der Anreise kann man den Víazul-Busfahrer bitten, bei der Fahrt durch die Stadt an einer günstigeren Stelle aussteigen zu dürfen. Oft bieten die Busfahrer diese Option für zwei oder drei Orte in Havanna von sich aus an. Solche „außerplanmäßigen" Haltestellen befinden sich zum Beispiel am Straßenrand nach dem Túnel de la Bahía [B2] im Norden Habana Viejas und in Sichtweite der Universität 28.

Eine weitere Option sind die Busse von **Conectando Cuba.** Sie steuern nicht nur Busbahnhöfe an, sondern vor allem die Stadtzentren und große Touristenhotels. Die Ticketpreise ähneln denen von Víazul. Man erhält sie in den entsprechenden Hotels.

Bahn

Soeben aus dem Flieger gestiegenen und mit Koffern bepackten Reisenden kann das Abenteuer einer längeren Fahrt mit der als unzuverlässig geltenden kubanischen Bahn nicht empfohlen werden (s. S. 141).

Barrierefreies Reisen

Nur wenige (Luxus-)Hotels haben sich auf die Bedürfnisse von Menschen mit körperlichem Handicap eingestellt. In neueren bzw. renovierten Touristenhotels gibt es manchmal für Rollstuhlfahrer geeignete Zimmer. In jedem Fall darf man stets mit sehr viel Hilfsbereitschaft seitens der Bevölkerung rechnen.

Diplomatische Vertretungen

In Deutschland

- **Botschaft der Republik Kuba,** Stavangerstraße 20, 10439 Berlin, Tel. 030 44717319, http://misiones.cubaminrex.cu/de/deutschland/botschaft-der-republik-kuba-deutschland
- **Konsularabteilung:** Gotlandstraße 15, 10439 Berlin, http://misiones.cubaminrex.cu/de/deutschland/kubanisches-konsulat-berlin. Infos zu Kontaktmöglichkeiten und Öffnungszeiten s. Website.
- **Botschaftsaußenstelle in Bonn,** Kennedyallee 22–24, 53175 Bonn, Mo–Do 9–12 Uhr, Tel. 0228 3090

In Österreich und der Schweiz

- **Botschaft der Republik Kuba,** Kaiserstraße 84, 1070 Wien, Tel. 01 877819823, Parteienverkehr: Mo–Do 9–12 Uhr, http://misiones.cubaminrex.cu/de/oesterreich/botschaft-der-republik-kuba
- **Botschaft der Republik Kuba,** Gesellschaftsstrasse 8, 3012 Bern, Tel. 031 3022111, http://misiones.cubaminrex.cu/es/suiza/servicios-consulares. Infos zu weiteren Kontaktmöglichkeiten und Öffnungszeiten s. Website.

In Havanna

An den offiziellen kubanischen Feiertagen (s. S. 78) bleiben die Botschaften und Konsulate geschlossen.

- •157 [el] **Deutsche Botschaft (Embajada de la República Federal de Alemania),** Calle 13 No. 652, Ecke Calle B, Vedado, La Habana, Tel. 78332569 (nach Dienstschluss Bereitschaftsdienst Mobil: (0)52805942), www.havanna.diplo.de. Infos zu weiteren Kontaktmöglichkeiten und Öffnungszeiten s. Website.
- •158 **Österreichische Botschaft (Embajada de Austria),** Avenida 5ta No. 6617, Ecke Calle 70, Miramar, La Habana, Tel. 72042394, geöffnet: Mo–Fr 9–12 Uhr, www.bmeia.gv.at/oeb-havanna
- •159 [bm] **Schweizerische Botschaft (Embajada de Suiza),** Avenida 5ta No. 2005, e/Calles 20 y 22, Miramar, La Habana, Tel. 72042611, Öffnungszeiten: Mo–Fr 9–12 Uhr (nach Voranmeldung), www.eda.admin.ch/havana. Infos zu weiteren Kontaktmöglichkeiten s. Website.

Ein- und Ausreisebestimmungen

Einreise und Reisedokumente

Touristen aus dem deutschsprachigen Raum brauchen für die Einreise einen noch mindestens sechs Monate über die Dauer des Aufenthaltes hinaus gültigen **Reisepass**, ein **Weiter- oder Rückflugticket,** außerdem das **D'VIAJEROS-Formular** (s. rechts) und die sogenannte **Touristenkarte** *(tarjeta turística/visa de turismo).* (Die Begriffe Touristenkarte und Touristenvisum werden synonym verwendet.) Für **Kinder** sind ein (Kinder-)Reisepass und eine eigene Touristenkarte erforderlich. Die Touristenkarte bekommt man entweder über einen Reiseveranstalter, unter Umständen von der Fluggesellschaft oder aber von der kubanischen Botschaft (s. S. 109).

Sicherheitshalber sollte man sich spätestens einen Monat vor der Abreise um seine *tarjeta turística* kümmern. Auf der Touristenkarte sind Name, Vorname, Geburtsdatum, Nummer des Reisepasses und Staatsangehörigkeit zweifach einzutragen.

Vorsicht: Wer die Touristenkarte verliert, muss spätestens am Tag des Rückfluges mit erheblichen bürokratischen Schwierigkeiten rechnen! **Tipp:** Befestigen Sie den Abschnitt mit einem Stück Klebestreifen im Reisepass! Es empfiehlt sich, für den Fall des Verlustes Kopien des etwa DIN-A7-großen Dokuments anzufertigen oder es zumindest abzufotografieren. Die Touristenkarte berechtigt zu einem Aufenthalt von bis zu 90 Tagen, eine Verlängerung kann auf Kuba im örtlichen Immigrationsbüro *(oficina/buró de inmigración)* beantragt werden, wofür Gebühren anfallen.

Achtung: Visa bzw. Touristenkarten werden grundsätzlich nicht nach der Ankunft auf Kuba ausgegeben. Darüber hinaus kontrollieren die Fluggesellschaften schon vor dem Abflug aus Europa, ob Visum oder Touristenkarte bereitgehalten werden.

Wichtig: Alle Einreisenden müssen eine **Erklärung zum Gesundheitszustand** abgeben. Zusammen mit weiteren Informationen zur Einreise und Zollangaben ist diese online mindestens 48 Stunden vor dem Check-in in das **D'VIAJEROS-Formular** einzutragen. Am Ende der Prozedur erhält man ein Dokument mit QR-Code (www.dviajeros.mitrans.gob.cu, mit Erklär-Video und FAQs).

Ausländische Reisende sind verpflichtet, bei der Einreise einen für

Kuba gültigen **Krankenversicherungsschutz** (private Reisekrankenversicherung) nachzuweisen, z. B. durch Vorlage der Versicherungspolice, vorzugsweise in spanischer Sprache. Sofern ein solcher Nachweis nicht vorgelegt werden kann, muss damit gerechnet werden, dass man genötigt wird, am Ankunftsflughafen eine Krankenversicherung abzuschließen.

› Infos zu dann anfallenden Kosten z. B. auf der kubanische Website **www.asistur.cu**

Einverständniserklärung für Minderjährige

Reisen Kinder nur mit einem Elternteil, kann sowohl bei der Ausreise als auch bei der Einreise eine Einverständniserklärung des anderen Elternteils erforderlich sein. Detailinfos erhält man beim Auswärtigen Amt und beim zuständigen Konsulat.

Zollbestimmungen

Sowohl bei der Ein- als auch bei der Ausreise wird das Gepäck einschließlich des Handgepäcks durchleuchtet und ggf. näher untersucht.

Einreise

› Nur **Dinge des täglichen Bedarfs** dürfen steuerfrei eingeführt werden. Um Schmuggel mit technischen Geräten und anderen „wertvollen" Gegenständen vorzubeugen, dürfen diese unter anderem eine „angemessene Stückzahl" nicht überschreiten. Was darunter zu verstehen ist, hängt auch vom Ermessen des Beamten der Einreisebehörde ab. Für mitgeführte Geschenke ab einem Gegenwert von 50 US$ wird Zoll in erheblicher Höhe erhoben. Der Wert der „Geschenke", auf den sich der Zoll bezieht, wird vor Ort festgesetzt.

› **Verboten** ist u. a. die Einfuhr frischer Lebensmittel, pornografischer und staatsfeindlicher („konterrevolutionärer") Medien und Drohnen. Funksprechgeräte, Satellitentelefone u. Ä. dürfen nur nach vorheriger Genehmigung durch die zuständigen kubanischen Behörden mitgebracht werden. Strengstens untersagt ist die Einfuhr von Drogen und Waffen.

› Um von der kubanischen Botschaft die Genehmigung zur Einfuhr von lebenden **Hunden, Katzen und Vögeln** zu erhalten, sind diverse Gesundheitszeugnisse und andere Dokumente beizubringen. Es spricht also viel dafür, Bello und Mieze lieber zu Hause in gute Hände zu geben.

Ausreise

› **Verboten** ist die Ausfuhr von Polymita-Schneckenhäusern. Auf Krokodilfarmen erworbene Produkte aus Krokodilhaut und Kunstwerke dürfen nur nach Vorlage entsprechender Unterlagen ausgeführt werden. Achten Sie bereits beim Kauf darauf, dass diese ausgestellt werden.

› Nehmen Sie keine Gegenstände aus Kuba mit, bei denen es sich um **kubanisches Kulturgut** handeln könnte. Auskünfte und Ausfuhrgenehmigungen dazu:

ⓘ**160** [dl] **Registro Nacional de Bienes Culturales,** Calle 17 No. 1009 e/ Calles 10 y 12, Vedado, Tel. 78313362, Mo–Fr 9–12 Uhr. Infos auch auf der Website des kubanischen Zolls: www.aduana.gob.cu.

Aktuell informiert

Da sich **Einreisebestimmungen kurzfristig ändern** können, ist es sehr ratsam, sich kurz vor Abreise beim zuständigen Auswärtigen Amt oder der jeweiligen Botschaft (s. S. 109) zu informieren.

› www.auswaertiges-amt.de
› www.bmaa.gv.at
› www.dfae.admin.ch

- Die Vorschriften zur Ausfuhrmenge von **Zigarren** und die Strenge, mit der diese Vorschriften durchgesetzt werden, ändern sich häufig. Derzeit (Anfang 2024) wird zwischen Zigarren, die in einer autorisierten Verkaufsstelle (unbedingt Quittung aufheben!) erworben wurden, und Zigarren ohne Beleg unterschieden. Es gilt: Die Ausfuhr von maximal 20 Zigarren ist ohne jeden Kaufnachweis erlaubt. Ab 21 Stück ist die Ausfuhr nur dann legal, wenn die Zigarren sich in der verschlossenen und versiegelten, originalen Zigarrenkiste befinden. Eine originale Zigarrenkiste erkennt man an einer Reihe von Sicherheitsmerkmalen, darunter ein Hologrammaufkleber auf dem Deckel. Wer über 50 Zigarren ausführen möchte, muss nach den Zollbestimmungen außerdem die Rechnung *(factura)* einer autorisierten Verkaufsstelle vorweisen können. Andernfalls besteht die Gefahr, dass die Ware eingezogen wird. Eine Kiste Zigarren enthält in aller Regel 25 Stück!
- Ferner darf 1 l **Hochprozentiges** mit einem Alkoholgehalt von über 22 Vol.-% ausgeführt werden – in den allermeisten Fällen zweifellos Rum.
- Den **neuesten Stand der Ein- und Ausreisebestimmungen** kann man auf der Website des kubanischen Zolls – www.aduana.gob.cu – in spanischer und englischer Sprache abrufen.

Bei der **Rückreise** gibt es auch auf europäischer Seite Freigrenzen, Verbote und Einschränkungen, die man beachten sollte, um eine böse Überraschung bei der heimischen Zollkontrolle zu vermeiden:

- **Deutschland:** www.zoll.de (Menü „Privatpersonen", dann „Reisen") oder beim Zoll-Infocenter, Tel. 069 46997600
- **Österreich:** www.bmf.gv.at (Menü „Zoll") oder beim Zollamt Villach, Tel. 04242 33233
- **Schweiz:** www.ezv.admin.ch oder bei der Zollkreisdirektion in Basel, Tel. 061 2871111

Drogen

Auf Kuba erlaubte Drogen sind Musik, Tanz, Rum und revolutionäre Inbrunst. Bereits der Besitz geringer Mengen illegaler Betäubungsmittel wird **drakonisch bestraft.**

Elektrizität

Die übliche Netzspannung auf Kuba beträgt 110 Volt/60 Hertz. Die uns vertrauten 220-Volt-Anschlüsse findet man in vielen Touristenhotels und Casas Particulares (Privatunterkünfte). Vor allem Haushalte mit Elektro-

134hv Abb.: js

herden und Klimaanlagen verfügen zusätzlich über *corriente dos veinte* (wörtlich: „Strom zwei zwanzig“, also 220-Volt-Steckdosen). Für den Betrieb von auf 110 Volt umstellbaren Föns, Rasierapparaten, Ladegeräten usw. nimmt man einen **Steckeradapter** für die auf Kuba gebräuchliche amerikanische Standard-Steckdose (Flachstecker) mit. Vor Ort sind Adapter teurer als zu Hause.

In Havanna und Varadero ist es eher unwahrscheinlich, einen *apagón* (Stromausfall) mitzuerleben. Mit Sicherheit auszuschließen ist diese Erfahrung jedoch nicht. Alle in diesem Buch aufgeführten Unterkünfte in Havanna und Varadero liegen in insoweit privilegierten *zonas priorizadas* (Zonen mit Strom-Priorität).

Film und Foto

Ausrüstung

Die Filialen von „FOTO“ (manchmal „PHOTO“) haben einige gängige Akkus und eine kleine Auswahl an Zubehör auf Lager. Kostengünstiger ist es, Speicherkarten, Ersatzbatterien etc. von zu Hause mitzubringen.

161 [B3] **FOTO OBISPO**, Calle Obispo No. 307 e/Habana y Compostela, Tel. 78667585, Mo–Sa 9–18.30, So 9–14 Uhr. Eine Adresse mit verhältnismäßig gutem Sortiment.

Fotoverbote

Militärische Objekte, Militärangehörige, Flugplätze, Fabriken und andere für Kubas öffentliche Sicherheit besonders relevante Bauwerke und Personen dürfen nicht fotografiert, als *zona militar* ausgeschilderte Gebiete auf keinen Fall betreten werden! In Museen wird manchmal eine zusätzliche Gebühr für das Fotografieren und Filmen erhoben.

Menschen fotografieren

Die meisten Kubaner lassen sich gerne ablichten, wenn man sie vorher um Erlaubnis bittet. Vor allem an touristischen Brennpunkten muss man eventuell mit der Aufforderung zu einer Gegenleistung rechnen. Beispielsweise sitzen die Zigarre schmauchenden, bunt gewandeten Herrschaften zwischen der Kathedrale und der Bodeguita del Medio dort oft nicht zufällig den ganzen Tag herum, sondern ernähren sich und ihre Familien von den Spenden fotografierfreudiger Touristen.

Geldfragen

Das Wichtigste zuerst: In aller Regel ist es derzeit (Anfang 2024) für Individualreisende am ratsamsten, neben international gängigen Kreditkarten **Bargeld in Euro** (vor allem 5-, 10- und 20-Euro-Scheine) mit nach Kuba zu bringen.

Aktuelle Situation

Seit der **Währungsreform von 2021** gibt es auf Kuba (eigentlich) wieder nur eine Währung, nämlich den **Kubanischen Peso** (*Peso Cubano,* abgekürzt CUP). Mit einem (eigentlich) festen Wechselkurs wurde dieses „nationale Geld“ *(moneda nacional)* an den US-Dollar gekoppelt. Der offizielle Wechselkurs zum Euro und anderen Devisen ergibt sich aus deren

◁ *Rum-Verkauf in der Abflughalle*

tagesaktuellem Kurs im Verhältnis zum US-Dollar.

Wie die beiden „eigentlich"-Einschränkungen zu Beginn des Abschnitts vermuten lassen, gehen Theorie und Wirklichkeit (weit) auseinander. Denn eine Vielzahl von Waren sind auf Kuba nur in speziellen Devisenläden per Kreditkartenzahlung in (faktisch) US-Dollar bzw. einer neu eingeführten **digitalen Kunstwährung** namens *Moneda Libremente Convertible* (MLC) zu erhalten. Diese virtuelle Währung wird per Devisen auf an die einheimische Bevölkerung seit 2021 ausgegebene MLC-Prepaid-Debitkarten mit der Referenzwährung US-Dollar geladen, um in besagten Läden einkaufen zu können. Ausländische Besucher, die über international einsetzbare Kreditkarten, insbesondere Visa und Mastercard, verfügen, benötigen diese Prepaid-Karten in aller Regel nicht.

Soziale und wirtschaftliche Folgen der Neuerungen sind einerseits eine sich weiter verschärfende Spaltung zwischen Kubanern mit regelmäßigem Devisenzugang und solchen ohne, andererseits eine in der Realität galoppierende **Inflation:** Inoffiziell sind für ausländische Währungen in bar nämlich weitaus mehr Pesos zu erhalten, als es dem staatlicherseits festgesetzten Kurs entspricht.

Inhaber „echter" Kreditkarten ziehen an kubanischen Geldautomaten Pesos übrigens zum offiziellen Wechselkurs (s. rechts) abzüglich einer nicht geringen Gebühr. Wer Devisen in einer Bank oder CADECA *(Casa de Cambio)* in Peso umtauscht, wechselt ebenfalls zum offiziellen Kurs. Tipp hierzu: Geld unbedingt eigenhändig nachzählen und eine Quittung verlangen!

Umrechnungskurs

Offizieller Kurs: 1 US$ = 120 Pesos, d. h., für 1 € bekommt man etwa 130 Pesos, wobei auch mit Blick auf den inoffiziellen Kurs (s. unten) von vielen eine baldige Anpassung erwartet wird (Stand März 2024).

Inoffizieller Kurs: 1 € = 325 Pesos (mit weiter steigender Tendenz, Stand März 2024), für inoffizielle Infos dazu vgl. z. B. www.eltoque.com

Konsequenzen für Individualreisende

- **Bargeldzahlung** ist angesagt – sofern es sich um Euro, US-Dollar etc. handelt. Tatsächlich liegt der Ratschlag nahe, einen großen Teil des auf einer Kuba-Reise auszugebenden Geldes in vorwiegend kleinen Euro- oder ggf. auch US-Dollarscheinen mit auf die Insel zu bringen, denn für alles, was man bar bezahlen kann, nehmen Verkäufer bzw. Dienstleister vorzugsweise ausländisches Bargeld: Casa-Particular-Übernachtungen, Cocotaxi-Fahrten, Privatrestaurants u. v. m. Wechselgeld erhält man in der Regel in Pesos.
- Bei Transaktionen zwischen Privatleuten kommt nicht der offizielle Wechselkurs, sondern der **inoffizielle Kurs** (s. o.) zur Anwendung. Wird Ihnen dieser beim Bezahlen verweigert, vielleicht ja in der Annahme, dass Sie nicht über den aktuellen „Wechselkurs der Straße" im Bilde sind, darf dies als unverhohlener Versuch, einen uninformierten Touristen zu täuschen, gewertet werden.
- In manchen **Restaurants, Café-Bars etc.** kann direkt mit Euro oder US-Dollar gezahlt werden und zwar zu einem vom jeweiligen Lokal festgesetzten Kurs, der irgendwo zwischen dem offiziellen

Preisbeispiele (März 2024)

Unterkunft
- im Hotel ab 40 € (pro DZ)
- in einer Casa Particular ab 25 € (pro DZ), bei günstiger Lage und/oder Sonderausstattung häufig teurer

Essen und Trinken
- Softdrinks ab 1 €
- Bier ab 2 €
- Cocktails ab 3 €
- Menü im Restaurant ab 8 €

Transport

Touristen-Taxis und Cocotaxis kosten mind. 2 € pro Kilometer, eher mehr. Bicitaxis sind für Kubaner wesentlich und für Ausländer etwas erschwinglicher. Eine einfache Fahrt mit der Busgesellschaft Víazul (Infos s. S. 108) kostet von Havanna nach
- Pinar del Río: 13 €
- Viñales: 16 €
- Matanzas: 10 €
- Varadero: 15 €
- Santa Clara: 22 €
- Trinidad: 26 €
- Santiago: 60 €

und dem informellen Kurs liegt. Vor der Bestellung klären! Manchmal stehen Infos dazu in der Speisekarte oder hängen im Eingangsbereich aus.
- Insbesondere in **Varadero** ist mancherorts sogar nur die Bezahlung in Euro bzw. anderen Fremdwährungen vorgesehen.
- Für Einkäufe in staatlichen Läden und beim Tanken sollte eine **international gängige („richtige") Kreditkarte,** z. B. von Visa oder Mastercard, zur Hand sein. Achtung: Von US-amerikanischen Banken bzw. deren Töchtern andernorts ausgegebene Karten funktionieren nicht! Hinweise für den Fall eines Kreditkartenverlusts auf S. 124.

In diesem Buch werden **Preise** überall, wo dies sinnvoll ist (Übernachtungskosten, Restaurantbesuche etc.), in Euro umgerechnet angegeben.

Geldwechsel

Eine in Habana Vieja zentral gelegene Möglichkeit zum Geldwechsel ist die Banco Metropolitano:

•**162** [C3] **Banco Metropolitano,** Obispo No. 257, e/Aguiar y Cuba, Habana Vieja, Mo–Sa 8.30–19.30 Uhr. Mit Schalterhalle und Geldautomaten, die in der Regel auch außerhalb der Öffnungszeiten zugänglich sind.

Zudem kann man in den *Casas de Cambio* (CADECA) Geld wechseln. Die üblichen Öffnungszeiten sind Mo–Sa 8.30–20, So 9–18 Uhr. Weiterführende Infos mitsamt Überblick über alle CADECA-Filialen siehe www.cadeca.cu. Zwei Beispiele für günstig gelegene Filialen in der Altstadt:

•**163** [B3] **CADECA (1),** Obispo, Ecke Compostela, Tel. 78618501

•**164** [D4] **CADECA (2),** Lamparilla No. 2, Ecke Oficios (im Gebäude Lonja del Comercio), Tel. 78669628, 78604979. **Derzeit (Anfang 2024) geschlossen.**

Sicherheitstipps

Wie auch die einheimische Bevölkerung trägt man sein Bargeld in der Öffentlichkeit erstens **direkt am Körper** (verdeckter Brustbeutel, Safety-Gürtel, zur Not in den Socken, jedenfalls: Tuchfühlung!) und zweitens **auf verschiedene Stellen verteilt.** Ein ausreichend hoher Geldbetrag in bar wird woanders, z. B. im **Hotelsafe** *(caja fuerte)*, aufbewahrt bzw. den Casa-Particular-Gastgebern zu treuen Händen anvertraut. Vom Geldwechsel auf der Straße ist abzuraten.

Havanna preiswert

Nach längerer Suche und harten Verhandlungen hat es der Low-Budget-Traveller endlich geschafft, in einer eigentlich wenig einladenden Gegend im Süden von Centro Habana eine staatlich registrierte **„Casa Particular"** für 20 € (in bar) pro Nacht inklusive reichhaltigem Frühstück aufzutun. Am Vormittag schlendert er durch seine Lieblingsstadtteile und stellt fest, dass man als Tourist ohne Weiteres in relativ viele Gebäude und Fahrstühle gelangen kann. Auf diese Weise hat er bereits die **Aussicht** von den hoch über der Stadt gelegenen Restaurants der Hotels Ambos Mundos (s. S. 132) und Sevilla (s. S. 133) in der Altstadt und des Hotels Habana Libre (s. S. 134) in Vedado genossen.

Erfrischungen und Snacks gibt es unterwegs an Verkaufsständen und in kleinen Läden zu Preisen, die sich nicht erheblich von denen in Mitteleuropa unterscheiden. Die kubanischen Pizzen an Straßenständen meidet er wegen der Gerüchte über oft bedenkliche hygienische Bedingungen bei deren Zubereitung.

Mittags beschließt er spontan, mit dem **Bus der Linie 400 an den Strand von Guanabo** im Osten Havannas zu fahren. Dort genießt er nicht bloß den Strand, sondern auch eine **„pollo-cajita"**, also ein Pappschächtelchen mit einem frittierten Hähnchenschenkel, Reis und Salat für umgerechnet 2 €. Dazu genehmigt er sich ein Dosenbier zum selben Preis.

Da die Warteschlange für den Bus Nr. 400 zurück nach Havanna sehr lang ist, nimmt er den **462er**. Der endet zwar schon an der (garantiert touristenfreien) Haltestelle Virgen del Camino. Doch der Low-Budget-Traveller weiß, dass er von hier für kleines Geld in einem **Sammeltaxi („maquína"**, s. S. 140) zum Verkehrsknotenpunkt Parque de la Fraternidad 22 am Rand der Altstadt kommt.

Dann wird für den Abend eingekauft: Auch weil eine **Flasche Rum** erschwinglicher ist als zuhause in Europa, lädt er seine Gastfamilie fast jeden Abend gerne zu selbst gemixten Cocktails auf deren Dachterrasse ein.

Da er die Küche seiner Gastgeber mitbenutzen darf, kommt ihm beim Cocktail die Idee, sich am nächsten Tag mit **Produkten vom nahen Bauernmarkt** ein typisch kubanisches Gericht (reichlich Reis, Bohnen, Yucca, Salat und Gemüse zu ähnlichen Preisen wie in Europa) zuzubereiten. Hätte er dann wider Erwarten doch keine Lust, den Kochlöffel zu schwingen, würde er sich zu seinem Lieblingsrestaurant begeben: Nicht weit vom Prado 20, im Donde Adrian (s. S. 58), können sich auch Gäste, die sparen wollen oder müssen, einfache Gerichte mit Fleisch oder Fisch leisten.

Seine Skrupel, Euro-Bargeld mit tatkräftiger Unterstützung seiner Vermieter einfach **schwarz zu tauschen,** können diese beim besten Willen nicht nachvollziehen. Viele ihrer Verwandten und Freunde benötigen für Einkäufe dringend Devisen und würden Euro locker für viel mehr als das Doppelte des offiziellen Wechselkurses in Pesos umtauschen. Für den Low-Budget-Reisenden würden sich dadurch die Ausgaben für fast alles, was er in Kuba in bar bezahlt, mehr als halbieren: Besuche in Restaurants und Paladares, Snacks und Drinks unterwegs, Eintrittspreise in Museen u. v. m. Irgendwie unfair, aber Fakt: Wie alle Devisen-Bargeldbesitzer in Kuba wäre er hinsichtlich seiner Lebenshaltungskosten gegenüber der Mehrheitsbevölkerung erheblich privilegiert.

Gesundheitsvorsorge

Besondere Schutzimpfungen sind auf Kuba laut WHO nicht erforderlich. Neben den **üblichen Impfungen** (Polio, Diphterie, Tetanus) ist eine Immunisierung gegen **Hepatitis A und Typhus** ratsam. Wer auf spezielle Medikamente angewiesen ist, bringt einen entsprechenden Vorrat von zu Hause mit.

Während sich die Moskito-Plage in Havanna meistens in Grenzen hält, sollte man bei Ausflügen in die Provinzen, vor allem abends und nachts, auf entsprechende Kleidung achten und sich mit einem **Moskitonetz bzw. Insektenmitteln** schützen. Die Mitnahme von **Impf- und Gesundheitspass** (mit Angabe von Blutgruppe, Allergien, benötigten Medikamenten etc.) bzw. Kopien davon ist eine sinnvolle Vorsichtsmaßnahme.

Hygiene

Meiden Sie das kubanische Leitungswasser! Andernfalls machen Sie mit hoher Wahrscheinlichkeit nähere Bekanntschaft mit einem gewissen Montezuma. Das spanische Wort für **Durchfall** heißt *diarrea*.

Mineralwasser kann man mit Kohlensäure *(con gas)* und ohne *(sin gas)* in Behältnissen von 0,5 bis 5 Litern kaufen.

Informationsquellen

Infostellen zu Hause

› **Cubanisches Fremdenverkehrsamt,** Stavangerstraße 20, 10439 Berlin, Tel. 030 44719658, 030 44718949, www.cubainfo.de

Aktuelle Reisehinweise und Hinweise zur Sicherheitslage erteilen:

› **Deutschland:** www.auswaertiges-amt.de und www.diplo.de/sicherreisen (Menü: Reise- und Sicherheit), Tel. 030 50000
› **Österreich:** www.bmaa.gv.at (Menü: Reise und Aufenthalt), Bürgerservice Tel. 050 1150 3775
› **Schweiz:** www.dfae.admin.ch (Reisehinweise), 24-Std.-Helpline des EDA 0800 247365

Infostellen in Havanna

Die meisten großen Hotels haben in der Lobby ein „Tourismusbüro" (manchmal nur ein unregelmäßig besetzter Tisch neben der Rezeption), wo man Infoblätter zu Unternehmungen verschiedenster Art erhält und oft auch gleich Besichtigungstouren oder Exkursionen buchen kann.

Besser auf die Bedürfnisse von Individualreisenden eingestellt sind die **Filialen von Infotur** (Hotline-Tel. 78663333). Hier bekommt man eine kleine Auswahl von touristisch relevanter Literatur, Stadt- und Landkarten sowie Informationen zu Hotels, Restaurants, Bars, Einkaufszentren und anderen Themen. In manchen Infotur-Filialen werden auch Reservierungen für touristische Dienstleistungen entgegengenommen.

› **Infotur-Zentrale (Oficina Nacional de Información Turística, nur Verwaltung!),** Calle 28 No. 303 e/Avenidas 3ra y 5ta Playa, Tel. 0053 78014333, www.infotur.cu (mit deutscher Version, die aber offensichtlich teilweise per Übersetzungsprogramm erstellt wurde)

Infotur-Filialen gibt es in mehreren Stadtteilen. Die Öffnungszeiten ändern sich gelegentlich:

ⓘ**165** [B3] **Infotur Habana Vieja,** Obispo No. 524 e/Bernaza y Villegas, Habana

Vieja, Tel. 0053 78663333, 0053 78664153, tägl. 9–13 und 14–17 Uhr

- **Infotur Vedado,** im Gebäude des Hotel Habana Libre (s. S. 134), Tel. 0053 78329288
- **Infotur Playas del Este – Guanabo** (s. S. 48)

166 Infotur Flughafen José Martí, Terminal 3, Habana Boyeros, Tel. 0053 76426101

Bei staatlichen Reiseveranstaltern wie etwa Cubanacán, Cubatur und Havanatur können Unterkünfte, Transportmittel, Sightseeingtouren usw. gebucht werden. Zu Informationen allgemeiner Art sind die Angestellten der meist in großen Touristenhotels untergebrachten Filialen oft nicht in der Lage.

167 Cubanacán, Calle 68 No. 503 e/Avenidas 5ta y 5ta A, Miramar, Tel. 78334090, www.cubanacan.cu

168 [fl] **Cubatur,** Calle 23 Ecke Calle L, Vedado, Tel. 78333569, 78333171

169 Vacacionar Travel, Hotel Neptuno-Tritón (Gebäude Tritón), App. 623, Avenida 3ra e/Calles 72 y 76, Miramar, Tel. 72046457, www.dtcuba.com

Kuba im Internet

Deutschsprachige Websites

- **www.amerika21.de/geo/kuba:** Sammlung aktueller Kuba-spezifischer Meldungen mit dem Schwerpunkt Politik

> **Telefonbuch**
> Havannas **Gelbe Seiten** *(pagínas amarillas)* enthalten auch Infos, die von touristischem Interesse sind. Insbesondere Casa-Gastfamilien unterstützen gerne bei Telefonaten in Kuba. Gelbe Seiten-Infos sind auch online verfügbar:
> - https://pamarillas.cu

- **www.camaquito.org:** Sehr aktive schweizerische Hilfsorganisation, die kubanische Kinder und Jugendliche im Bildungsbereich unterstützt.
- **www.cubainfo.de:** Website des kubanischen Fremdenverkehrsamtes
- **www.kubaforen.de:** bewährtes Kuba-Forum zu allem Möglichen und Unmöglichen rund um Land und Leute
- **www.kubakunde.de:** mehrmals wöchentlich aktualisierte private Website mit Meldungen aus und über Kuba

Weitere Websites

- **www.aduana.gob.cu:** Website des kubanischen Zolls
- **www.afrocubaweb.com:** unter anderem mit Liste afrokubanischer Kulturtermine
- **www.cnpc.cult.cu:** Website des *Consejo Nacional de Patrimonio Cultural,* umfassende Infos zum kulturellen Erbe Kubas
- **www.cuba.cu:** offizielles Kuba-Portal, ausführliche Linklisten zu vielen Themen
- **www.cubanet.org:** Die Website wird von Exilkubanern betrieben. Links führen zu weiteren regimekritischen Sites.
- **www.cubarte.cult.cu:** Portal für kubanische Kunst und Kultur
- **www.cubasi.cu:** Online-Magazin aus Kuba mit den Themen-Schwerpunkten Kultur und Bildung
- **www.cubatravel.cu:** offizielles Tourismus-Portal mit vielfältigen Infos
- **www.dtcuba.com:** viele nützliche Adressen und Reservierungsmöglichkeiten
- **www.ecured.cu:** Kubanische Online-Enzyklopädie, die sich als „revolutionäre" Alternative zu Wikipedia versteht. Oft sehr informativ sind Einträge zu eher unpolitischen Themen, zum Beispiel zu historischen Bauwerken in Kuba.
- **www.granma.cu:** Die Tageszeitung „Granma" ist das offizielle Sprachrohr der Kommunistischen Partei Kubas (inkl. deutscher Version).
- **www.infotur.cu:** Veranstaltungstipps, Download-Möglichkeiten u. v. m.

Publikationen und Medien

Presse

- Die wichtigste kubanische Tageszeitung ist die nach Fidels berühmter Revolutions-Jacht benannte **„Granma“** (www.granma.cu), das Zentralorgan und offizielle Sprachrohr der Kommunistischen Partei. *Granma Internacional* erscheint wöchentlich in englischer Sprache. „Granma online“ ist auch auf Deutsch verfügbar.
- Große Hotels haben manchmal eine kleine Auswahl **internationaler Presse** vom Vortag (oder noch älter).

Rundfunk

- Neben **Radio Rebelde** (96,7 FM), dem Rebellenradio mit Schwerpunkt Nachrichten, versorgen weitere nationale und regionale Sender die kubanischen Haushalte mit Musik, Kultur, Ratespielen und Sportnachrichten. Die Sprecher von **Radio Reloj** (1270 AM) sagen alle zwei Minuten die Zeit an und verlesen dazwischen aktuelle Meldungen. Aus dem nahen Miami senden exilkubanische, regimekritische Stationen, allen voran „Radio Martí“.
- Da die **Deutsche Welle** ihre Frequenzen gelegentlich ändert, empfiehlt es sich, kurzfristig aktuelle Informationen beim Kundenservice der DW unter Tel. 0228 4294000 oder www.dw-world.de anzufordern.

Open-Air-Bücherstand auf der Plaza de Armas 8

039hv Abb.: js

Meine Literaturtipps

- Reinaldo Arenas, **Bevor es Nacht wird,** dtv, 2002. Die mit Javier Bardem in der Hauptrolle verfilmte Autobiografie gilt auch als Abrechnung mit dem Regime Fidel Castros.
- Miguel Barnet, **Der Cimarrón,** Suhrkamp, 1999. Der greise Afrokubaner und ehemalige Sklave Esteban Montejo erzählt von seinem Leben. Leser erhalten aus erster Hand Einblick in die kubanische Geschichte von der Mitte des 19. bis zur Mitte des 20. Jahrhunderts.
- Guillermo Cabrera Infante, **Drei traurige Tiger,** Suhrkamp, 1998. Eine exzentrische Hommage an das vorrevolutionäre Havanna der 1950er-Jahre.
- Alejo Carpentier, **Die verlorenen Spuren,** Suhrkamp, 1982. In seinem 1953 erschienenen Roman schildert Alejo Carpentier eindringlich den Zwiespalt eines lateinamerikanischen Intellektuellen zwischen westlicher Kultur und indigener Herkunft.
- Jesús Díaz, **Erzähl mir von Kuba,** Piper, 2003. Wehmütig berichtet der Flüchtling Stalin Martínez von der herausfordernden Situation in Kuba zur Zeit der Jahrtausendwende.
- Cristina García, **Träumen auf kubanisch,** Fischer, 2000. Drei Generationen einer kubanischen Familie und ihre unterschiedlichen Ansichten zum Sozialismus auf der Insel.
- Fernando Diego Garcia (Hrsg.), **Che. Der Traum des Rebellen,** Rütten & Loening, 2003. Ausgewählte Texte und Fotos zum Leben Che Guevaras.
- Graham Greene, **Unser Mann in Havanna,** dtv, 1998. Ein Staubsaugervertreter liefert dem britischen Geheimdienst erfundene Spionageberichte aus Kubas Kapitale. Erschien 1958 und wurde bereits 1959 mit Alec Guinness in der Hauptrolle verfilmt.
- Ernest Hemingway, **Der alte Mann und das Meer,** Rowohlt, 1999. Für die bewegende Geschichte vom Kampf eines alten Kubaners mit einem Raubfisch erhielt Hemingway 1953 den Pulitzerpreis.
- Pedro Juan Gutiérrez, **Schmutzige Havanna Trilogie,** Goldmann, 2007. Zynische Abrechnung mit der kubanischen Gesellschaft der 1990er-Jahre und deftiges Porträt von Havannas finsteren Ecken.
- Johnnie Mieth, **Havanna auf allen vieren oder der Traum vom Leben auf Kuba,** Pro Business Verlag, 2005. Der vom „Kuba-Virus" befallene Autor berichtet über seinen Versuch, dauerhaft in Kuba zu leben.
- Leonardo Padura, **Der Nebel von gestern,** Unionsverlag, 2008. Kommissar Conde taucht gleichzeitig in das Havanna der wilden 1950er-Jahre und in dieselbe Stadt um 2005 ein. Empfehlenswert sind auch Paduras „Havanna-Quartett" sowie sein Roman „Ketzer" (2013), alle mit demselben Protagonisten, und folgendes etwas jüngere Werk: **Neun Nächte mit Violeta – Erzählungen,** Unionsverlag, 2016. Kubas bekanntester lebender Schriftsteller inszeniert, auf Alltagsszenen in Havanna aufbauend, prägnante Kurzgeschichten, von denen einige die Tragik eines ganzen Lebens spüren lassen.
- Matthias Politycki, **Herr der Hörner,** Hoffmann & Campe, 2005. Ein deutscher Banker wandelt sich auf der schwierigen Suche nach einer betörenden Kubanerin allmählich vom Skeptiker zum Teufelsanbeter. Ob das wohl gut geht?

Fernsehen

- **Internationales Satelliten-TV** kann „offiziell“ nur in Touristenhotels gesehen werden. Jedoch heißt es, dass Kubas talentierte Techniker sogar aus polierten Autofelgen funktionstüchtige Satellitenschüsseln basteln können. Das Pendant zum regimekritischen Radio Martí ist „Tele Martí“ - von Fidel Castro jahrzehntelang als „Tele Gusano“ (Wurm-Fernsehen) verunglimpft.

Internet

In Havanna gibt es einige **öffentliche Hotspots**, viele davon in unmittelbarer Nähe großer Hotels. Eine „Nauta“-Prepaid-Karte mit einem Zeitguthaben von 1 Stunde ist inzwischen sehr erschwinglich und unter anderem bei ETECSA (siehe unten) erhältlich. Restguthaben verfällt nicht sofort. Bars oder Cafés mit kostenlosem **WLAN** gibt es bisher kaum, in teuren Restaurants und Hotels ab vier Sternen hält es langsam Einzug.

@170 [B3] **ETECSA,** Calle Habana No. 406, Ecke Obispo, tägl. 8.30–16 Uhr

LGBT+

Obwohl Homosexuelle auf Kuba keinen offenen Repressalien ausgesetzt sind und Übergriffe nur selten vorkommen, verhalten sich die meisten Schwulen und Lesben in der Öffentlichkeit recht **diskret.** Man wird kaum Schwulenbars finden, die auf den ersten Blick als solche erkennbar sind. Es gibt genügend öffentliche Plätze, an denen sich die Szene trifft. Angesichts der Aufgeschlossenheit der meisten Kubaner ist es nicht schwierig, die Lokalitäten privater Partys ausfindig zu machen.

In Havanna trifft sich das In-Publikum gerne im Stadtteil **Vedado** vor dem Cine Yara (s. S. 70), an der Ecke Calle 23 (La Rampa) und Calle L, außerdem La Rampa ein Stück weiter hinunter in Richtung Malecón ㉕. Eine LGBT-freundliche **Unterkunft** ist das Hotel Telégrafo (s. S. 134).

Medizinische Versorgung

Krankenhaus-, Arzt- und Apothekendichte sind verhältnismäßig hoch, und die **Erste-Hilfe-Versorgung** ist grundsätzlich auch für Ausländer kostenlos. Bei der Weiterbehandlung wird in Devisen abgerechnet. An allen großen Hotelstandorten stehen Bereitschaftsärzte zur Verfügung. Wer kein Spanisch spricht, sollte sich bei den Medizinern nicht auf vorhandene Englischkenntnisse verlassen und wird in vielen Fällen einen Dolmetscher brauchen.

An den Hotelstandorten und in den großen Städten erhält man auch ausländische Arzneien gegen harte Währung. Wer auf besondere Präparate angewiesen ist, sollte nicht davon ausgehen, diese ohne Weiteres zu bekommen. Eine **Auslandsreisekrankenversicherung** (s. S. 125) ist nicht nur unverzichtbar, sondern auch vom kubanischen Staat **vorgeschrieben!**

Die **Minimal-Reiseapotheke** könnte so aussehen:

- Heftpflaster verschiedener Größe
- Anti-Mückenmittel und Salbe gegen Juckreiz
- Fieberthermometer
- fiebersenkende Medikamente
- Schmerzmittel
- Mittel bei Durchfall und Präparate, um den Mineralverlust auszugleichen
- Sonnenmilch, Après-Sonnencreme

Krankenhäuser

⊕171 [gl] **Hospital Nacional Hermanos Ameijeiras,** San Lázaro No. 701, Ecke Belascoaín (Padre Varela), Centro Habana, Tel. 78761210. Das markante Hochhaus kann man kaum verfehlen. Ausländer zahlen pro Konsultation deutlich weniger als die gleiche Behandlung in Europa kosten würde.

⊕172 [bn] **Internationale Klinik „Cira García“,** Calle 20 No. 4101, Ecke Avenida 41, Playa, Tel. 72042811, www.cirag.cu. Mit Unfallkrankenhaus.

› **Landesweiter Ambulanz-Notruf:** Tel. 104

› Die deutsche und auch die österreichische Botschaft (s. S. 110) stellen auf ihren Websites **Krankenhaus-Listen** zur Verfügung (Suchbegriff: Krankenhäuser für Ausländer in Kuba).

Apotheken

⊕173 [bn] **Farmacia Internacional,** Avenida 41, Ecke Calle 20, Miramar, Tel. 72044350. Die internationale 24-Stunden-Apotheke liegt praktischerweise gleich gegenüber der Internationalen Klinik „Cira García“.

› **Kleinere internationale Apotheken** findet man in großen Hotels, z. B. im Habana Libre (s. S. 134), und am Flughafen.

Optiker

⊕174 [bm] **Optica Miramar,** Avenida 7ma, Ecke 24, Miramar, Tel. 72042269, 72042990

Kubas Nachwuchs zur Freude, dem deutschen TÜV ein Graus ...

Mit Kindern unterwegs

Kuba ist ein **ausgesprochen kinderfreundliches Reiseland.** Staat und Gesellschaft gewähren Kindern größtmöglichen Schutz. Manche meinen, die vorbildliche Verwirklichung vieler Kinderrechte *(derechos de los niños)* sei die letzte noch verbliebene Errungenschaft der Revolution von 1959.

Schwierigkeiten gibt es am ehesten mit äußeren Umständen, wie dem subtropischen Klima und den in der wirtschaftlichen Misere begründeten Unannehmlichkeiten, unter denen auch die Erwachsenen leiden. In Havanna sind die oft wenig rücksichtsvollen Straßenverkehrsteilnehmer Gefahrenquelle Nummer eins, gefolgt von ungenügend gesicherten elektrischen Leitungen und Steckdosen.

› **Kinderspielplätze** *(parques infantíles)* haben zum Schutz vor Diebstahl und Vandalismus **feste Öffnungszeiten.**
› **Vergnügungsparks** *(parques de diversiones)* mit z. B. Karussellen und Autoscootern *(carros locos)* sind rar und bieten oft nicht die von zu Hause gewohnte Qualität.
› Der **4. April** eines jeden Jahres ist als **Día de los Niños (Tag der Kinder)** ein besonderes Highlight für alle Kinder auf Kuba. Geboten werden launige Events aller Art, z. B. Auftritte von Clowns und Zauberern, Kutschfahrten und Ponyreiten.

Theater für Kinder

An Wochenenden werden in kinderreichen Vierteln spezielle Veranstaltungen für Kinder, beispielsweise Puppentheater oder Clown-Auftritte, ausgerichtet. In Havannas Theatern (s. S. 70) wird regelmäßig auch Theater speziell für Kinder geboten.

175 [fk] **Teatro Guiñol,** Calle M e/Calles 17 y 19, Vedado, Tel. 78326262.
Das Theater ist für seine Puppentheaterstücke bekannt.

Kindgerechte Spots

(33) **Acuario Nacional:** Hier trifft der Nachwuchs auf Haie, Seelöwen und Delfine, um nur die spektakulärsten versammelten Meeresbewohner zu nennen. Das Aquarium begeistert jedoch auch die Eltern (s. S. 41).

› **Eisdiele Coppelia** (s. S. 34): leckere Eiscreme in der berühmtesten Eisdiele der Stadt

135hv Abb.: js

› *Die berühmte Eisdiele Coppelia (s. S. 34) ist nach einem Ballettstück benannt*

2 **Museo de la Revolución:** (nicht nur) für kleine Militärfans (s. S. 12)

36 **Parque Histórico Militar Morro-Cabañ:** Kinderträume werden wahr: Eine Burg, eine massive Festungsanlage mit Kanonen, reichlich Platz zum Toben, mittelalterlich gewandete Soldaten und ein donnernder Böller *(Ceremonia del Cañonazo)* um 21 Uhr (s. S. 42).

•176 [C2] **Parque Infantil La Maestranza (Parque Anfiteatro),** Calle Tacón. Großer Spielplatz mit weithin sichtbarem bunten Riesenrad. Von hier aus startet regelmäßig ein kleiner Elektrozug zu Rundfahrten durch die Stadt.

•177 [C2] **Parque Luz Caballero,** e/Avenida Carlos M. Céspedes (Avenida del Puerto) y Tacón. Hier kann man Ponys reiten, und zwar samstags, sonntags, an Feiertagen und in den kubanischen Schulferien (vor allem Juli und August).

› Außerdem mögen die meisten Kinder die bunt ausstaffierten **Clowns, Zauberer und Fabelwesen,** die sich regelmäßig (oft auf hohen Stelzen balancierend) in der Altstadt zwischen der Plaza de la Catedral 6 und der Plaza Vieja 15 herumtreiben (s. Foto S. 77).

Notfälle

Kartensperrung

Bei **Verlust der Debit-/Giro-, Kredit-** oder **SIM-Karte** gibt es für Kartensperrungen eine **deutsche Zentralnummer** (unbedingt vor der Reise klären, ob die eigene Bank bzw. der jeweilige Mobilfunkanbieter diesem Notrufsystem angeschlossen ist). **Aber Achtung:** Mit der telefonischen Sperrung sind die Bezahlkarten zwar für die Bezahlung/Geldabhebung mit der PIN gesperrt, nicht jedoch für das **Lastschriftverfahren mit Unterschrift.** Man sollte daher auf jeden Fall den Verlust zusätzlich **bei der Polizei zur Anzeige bringen,** um gegebenenfalls auftretende Ansprüche zurückweisen zu können.

In **Österreich** und der **Schweiz** gibt es keine zentrale Sperrnummer, daher sollten sich Besitzer von in diesen Ländern ausgestellten Debit- oder Kreditkarten vor der Abreise bei ihrem Kreditinstitut über den zuständigen Sperrnotruf informieren.

Generell ist es ratsam, sich die **wichtigsten Daten** wie Kartennummer und Ausstellungsdatum **separat zu notieren,** da diese unter Umständen abgefragt werden.

› **Deutscher Sperrnotruf:** Tel. +49 116116 oder Tel. +49 3040504050

› **Weitere Infos:** www.kartensicherheit.de, www.sperr-notruf.de

Verlust des Reisepasses

Botschaften (s. S. 110) stellen für den Fall, dass man seinen Reisepass verloren hat, nach Klärung der Identität einen Ersatzpass aus. Das Prozedere beschleunigt sich unter Umständen, wenn eine Kopie des Originals vorgelegt werden kann.

Polizeistationen

Die *Policía Nacional Revolucionaria* (PNR) erreicht man landesweit über die einheitliche **Notrufnummer 106.** Sie unterhält in Havanna unter anderem folgende Polizeistationen:

Habana Vieja

178 [B6] **Polizeistation (1),** Picota e/ Leonor Pérez (Paula), Ecke San Isidro, Tel. 78670496

179 [A4] **Polizeistation (2),** Zulueta (Agramonte), Ecke Muralla (Dragones), Tel. 78620773

Centro Habana

180 [hl] **Polizeistation (3),** Zanja, Ecke Escobar, Tel. 78632441

181 [gn] **Polizeistation (4),** Calzada de Infanta, Ecke Manglar (Arroyo), Tel. 78775240

Vedado

182 [fk] **Polizeistation (5),** Calle L, Ecke Malecón, Tel. 78301817

183 [em] **Polizeistation (6),** Zapata, e/Calles B y C, Tel. 78302039

Miramar

184 **Polizeistation (7),** Avenida 7ma, Ecke Calle 62, Tel. 72091116

Playas del Este

185 **Polizeistation (8),** Avenida 5ta, e/Calles 492 y 494, **Guanabo,** Tel. 77964116

Insbesondere bei **Diebstählen** versicherter Wertgegenstände lässt man sich von der Polizei ein entsprechendes **Protokoll** ausstellen. Bleiben Sie friedvoll hartnäckig, wenn sich die Bearbeitung durch die kubanischen Hüter des Gesetzes etwas länger hinzieht. Wird man in einen **Verkehrsunfall** verwickelt, empfiehlt es sich, auch selbst Fotos von der Unfallstelle und den entstandenen Schäden zu machen. Weder am Unfallort noch später Dokumente unterschreiben, deren Inhalt man nicht versteht!

Krankheit

Sofern man vor Reiseantritt eine (von kubanischer Seite verpflichtend vorgeschriebene) Auslandsreisekrankenversicherung abgeschlossen hat, die behandelnde Stelle aber nicht mit der Versicherung abrechnen kann oder will, ist man gezwungen, die Kosten der Heilbehandlung vorzuschießen. In diesem Fall sollte man nicht vergessen, sich eine **ausführliche Bescheinigung** über die Diagnose und die Behandlungsmaßnahmen, einschließlich verordneter Medikamente, sowie eine **Quittung** über die beglichenen Unkosten ausstellen zu lassen. Bei schweren Krankheitsfällen verständigt man neben dem Notfallservice der Versicherung auch seine Botschaft.

Juristischer Beistand

Auf Kuba sind Rechtsanwälte in Kollektivbüros organisierte Staatsbedienstete. Als Ausländer ist mit sehr hohen Gebühren zu rechnen! Folgende kommerzielle Firma ist auf die Lösung von Problemen rund um Versicherungen und Notfälle aller Art (Geldüberweisungen, rechtliche Beratung, schwere Erkrankungen, Gepäckverlust usw.) spezialisiert:

•**186** [A2] **Asistur,** Casa Matríz, Paseo de Martí (Prado) No. 208 e/Colón y Trocadero, Habana Vieja, Tel. 78664499, 78668339 (akute Notfälle), 78618290 (finanzielle Hilfe), www.asistur.cu

Öffnungszeiten

- **Banken und CADECA-Wechselstellen:** Meist Montag bis Freitag 8.30–12 und 13.30–15 Uhr (eventuell fällt die Mittagspause kürzer aus und/oder es ist bis 17 oder 18 Uhr geöffnet), samstags zumeist mindestens 8–10 Uhr. Viele CADECA-Filialen (s. S. 115) sind auch sonntags geöffnet. Große internationale Hotels wie das Hotel Inglaterra (s. S. 134) bieten in der Regel Geldwechselservice rund um die Uhr.
- **Geschäfte:** Große Läden und Touristenshops haben oft auch am Sonntag für einige Stunden geöffnet, an

Werktagen grundsätzlich mindestens von 10 bis 18, manche auch bis 19 Uhr.

- **Postämter:** Montag bis Freitag 8–16 Uhr
- **Museen:** Vor allem kleinere Museen sind in der Regel an einem Tag in der Woche (oft montags) geschlossen. Typische Öffnungszeiten sind Di–Sa 9.30–16 oder 10–17 und So 9.30–14 Uhr.

Kubanische Öffnungszeiten sind oft nicht „in Stein gemeißelt“.

Post

Postkarten *(postales)* und Briefe *(cartas)* nach Europa brauchen selbst mit Luftpostaufkleber (Air Mail) schon mal vier bis zwölf Wochen. Ein nicht unerheblicher Teil der Sendungen kommt nie am Bestimmungsort an.

In Havanna gibt es nur wenige Briefkästen. Am ehesten findet man sie vor großen Postfilialen oder an touristischen Brennpunkten. Alle Filialen sind unter www.correos.cu/puntos-de-servicio gelistet. Übliche Öffnungszeiten: Mo–Sa 8–18 Uhr. Günstig liegen z. B.:

✉**187** [D4] **Correos de Cuba (Postfiliale Habana Vieja),** Oficios No. 104, Ecke Lamparilla. **Derzeit (2024) geschlossen.**

✉**188** [gl] **Correos de Cuba (Postfiliale Centro Habana),** Calzada de Infanta No. 271, Ecke Concordia, Mo–Fr 8–16, Sa 8–12 Uhr

Sicherheit

Kuba zählt nach wie vor zu den **sichersten Reiseländern Lateinamerikas.** Der Abstand zu den Nachbarländern ist allerdings seit den 1990er-Jahren kontinuierlich geringer geworden, auch wenn eingefleischte Kuba-Romantiker das nicht wahrhaben wollen.

An touristisch wichtigen Orten sorgt erhöhte **Polizeipräsenz** für die Sicherheit der Gäste. In der Altstadt von Havanna steht praktisch an jeder zweiten Straßenecke ein Hüter der öffentlichen Ordnung (oft in Zivil) und an den Stränden läuft die *policía especializada* (Spezialpolizei) Patrouillen.

Natürlich gelten auch auf Kuba die **allgemeinen Verhaltensregeln.** Beispielsweise ist davon abzuraten, nachts allein und betrunken in finsteren Gegenden herumzustolpern. Die größte Gefahr für das Portemonnaie geht von **Taschendieben und Betrügern** aus. Also: Bargeld direkt am Körper tragen, Fremden gegenüber nicht allzu vertrauensselig sein, spontane Heiratsanträge nicht ernst nehmen usw. Budget- und nervenschonend ist es ferner, stets etwas Kleingeld

136hv Abb.: js

Briefkasten im Hotel Habana Libre (s. S. 134)

zur Hand zu haben, da z. B. Taxifahrer gerne mal über kein Wechselgeld verfügen.

Ein weiterer konkreter Hinweis: Wer für kubanische Verhältnisse halbwegs ausländisch aussieht, wird z. B. auf dem Boulevard San Rafael [hl] in Centro Habana zu jeder Tages- und Nachtzeit von **jugendlichen Schleppern und Kleinganoven** angesprochen („Hello frengg, wer ju fromm?"), die unbedingt *chicas* (Mädchen), garantiert „echte" Zigarren oder ihre Großmutter verkaufen möchten. Wer sich auf eine Konversation einlässt, verliert wahrscheinlich Geld, ganz bestimmt aber seine gute Urlaubslaune. Es gilt daher: Ignorieren, selbst wenn die Herrschaften einem ein kleines Stück hinterherlaufen. Wenn bei besonders hartnäckigen Vertretern dieser Spezies auch kein mehrmaliges *No, gracias* (Nein, danke) mehr hilft, ist die Drohung mit der Polizei *(policía)* angebracht.

Sprache

Sicher kann man Havanna durchaus auch ohne Spanischkenntnisse genussreich bereisen. Hotelangestellte und Touristenführer sprechen meist recht passabel Englisch, manchmal auch Deutsch, Französisch oder Italienisch. Und trotzdem: Reisende, die auf eigene Faust in den kubanischen Alltag eintauchen möchten, sollten sich mithilfe eines Intensivkurses an der Uni oder der Volkshochschule und/oder geeigneter Literatur und Tonträgern zumindest gewisse Grundkenntnisse aneignen – jedes zusätzliche Wort erspart Besuchern Kosten und Mühen!

Im Anhang dieses Buches ist eine **kleine Sprachhilfe** mit den wichtigsten Begriffen und Redewendungen abgedruckt (s. S. 144). Für individuelle Ausflüge in abgelegenere Orte sind Spanischkenntnisse unerlässlich.

Kuba Slang

Selbst wenn man bereits etwas Spanisch spricht und vielleicht sogar schon einige Zeit in Spanien verbracht hat, wird man auf Kuba immer wieder mit umgangssprachlichen Äußerungen konfrontiert, die zwar fest im alltäglichen Sprachgebrauch verankert sind, „pero uno mismo no entiende ni papa" („aber man selbst versteht nicht einmal Kartoffel", also gar nichts). Kubaner sind wahrlich Meister im Erfinden und Verwenden kurioser Wörter und ausgefallener Redewendungen. Auch lieben sie es, bereits vorhandenen Begriffen weitere Bedeutungen zu geben.

Grundsätzlich spricht man sehr schnell und gerne werden Wörter weggelassen oder miteinander verbunden: „Voy pa'llá" statt „Yo voy para allá" (Ich gehe dorthin). Spanier erklären gern scherzhaft, dass sie sich, um den für ihre Ohren genuschelten Klang der kubanischen Umgangssprache einigermaßen hinzubekommen, vorstellen müssten, eine große heiße Kartoffel im Mund zu haben. Eine weitere Besonderheit der gesprochenen Sprache ist die inflationäre Verwendung von Verkleinerungen, Übertreibungen und Abkürzungen. Wer sich intensiver mit der kubanischen Umgangssprache auseinandersetzen möchte oder sich für kubanischen Jargon und die oft deftige Alltagssprache näher interessiert, kann auf den im Reise Know-How Verlag erschienenen Kauderwelsch-Sprachführer „Cuba Slang" (begleitender AusspracheTrainer erhältlich) zurückgreifen.

Telefonieren

Das staatliche Unternehmen ETECSA (s. S. 121) bietet Festnetz-Telefonie, Mobilfunk und Internetzugang.

Telefonieren nach und in Havanna

Die **Vorwahl Havannas (7)** ist auch bei Ortsgesprächen mitzuwählen. **In diesem Buch ist sie schon in die Rufnummern integriert.**

- **Beispiel Wahlvorgang** von zu Hause/außerhalb des Landes ins Festnetz Havannas: 0053 (Kuba) 78669857 (Havanna).
- Bei kubanischen **Handynummern** muss 0 vorgewählt werden: (0) 53322359. Sie entfällt bei einem Anruf aus dem Ausland: 0053 53322359, ebenso beim Anruf vom (kubanischen) Handy.
- Für Telefonate **von Provinz zu Provinz,** z. B. von Havanna nach Varadero oder umgekehrt, ist stets eine 0 vorzuwählen. Nach und nach werden im ganzen Land die Vorwahlen in die dann stets achtstellige Festnetznummer integriert.

Wichtige Telefonnummern

- **ETECSA-Telefonauskunft:** 113 (landesweit)
- **Ambulanz** *(ambulancia):* 104 (landesweit) sowie 78381185 und 78382185
- **Giftnotruf** *(toxicología):* 72601230, 72608751, 72743008
- **Feuerwehr** *(bomberos):* 105 (landesweit)
- **Polizei** *(policía):* 106 (landesweit)
- **Asistur** (juristischer Beistand und Notfälle aller Art): 78664499
- **Aeropuerto Internacional José Martí:** 72664133, 76420100

Kubanisch telefonieren (Festnetz)

Da die allermeisten Kubaner ein Handy besitzen, werden öffentliche Münztelefone immer seltener.

Wer in Kuba häufiger telefonieren muss, ohne die Möglichkeiten mobiler Telefonie (s. S. 129) nutzen zu wollen, kann den Kauf einer **Telefonkarte** *(tarjeta telefónica propia)* in Erwägung ziehen. Mit dieser ruft man von nahezu jedem Apparat aus zunächst die kostenlose Nummer 166 an, um dann den Kartencode (zwölf Ziffern) und schließlich die Nummer des gewünschten Gesprächspartners (jeweils abgeschlossen mit dem #-Symbol) einzugeben. Die Gebühren werden vom individuellen Kartenguthaben abgezogen, das man per „Scratchcard" (mit freizurubbelnder Codezahl) aufladen kann. Propia-Aufladekarten bekommt man in den Geschäften von ETECSA (gängige Bezeichnungen: *centros telefónicos/telepuntos/minipuntos*). Über weitere Auflademöglichkeiten informiert www.etecsa.cu/es/node/611.

Tipp: Ein Telefonat von kubanischem Festnetz zu kubanischem Festnetz ist so preiswert, dass man sich nicht scheuen braucht, kubanische Bekannte, etwa die Betreiber von Casas Particulares, um diesen kleinen Gefallen zu bitten. Auch kurze Gespräche per Handy sind unter Umständen okay.

Ins Ausland telefonieren (Festnetz)

Zunächst wählt man die 119, dann die Landeskennzahl. Für Anrufe nach Deutschland ist das die 49, nach Österreich die 43 und in die Schweiz die 41. Es folgen Orts- bzw. Handyvorwahl unter Weglassung der 0 und dann die Teilnehmernummer.

Mobil telefonieren

Innerhalb Kubas bzw. von Kuba aus mit einer **europäischen SIM-Karte** zu telefonieren, ist kostspielig. Dasselbe gilt für das Entgegennehmen von Anrufen, das Abhören der Mailbox und andere mobile Dienstleistungen. Manche kostenbewusste Reisende beschränken sich von vornherein auf das Versenden von SMS bzw. die Nutzung von Messenger-Diensten wie WhatsApp und Co. Vor der Abreise beim Anbieter zu allen Vertragsdetails erkundigen! Achtung: Manche Anbieter haben kein Roaming-Abkommen mit Kuba, s. Liste unter www.etecsa.cu/en/visitors/roaming.

Vor allem für Langzeit-Aufenthalte kann die Anschaffung einer **kubanischen SIM-Card** (*linea,* also wörtlich „Linie") bzw. der **CubacelTur-SIM-Card** speziell für Touristen interessant sein.

› **Details:** www.etecsa.cu/en/visitors/cubaceltur und www.cubaceltur.com

Kubanische Handynummern sind achtstellig und beginnen stets mit einer 5. Für Anrufe aus dem Festnetz ins Handynetz muss die 0 vorgewählt werden.

Kostenfalle Datenroaming

Beim nach Kuba mitgebrachten Smartphone mit europäischer eigener SIM-Card **Mobile-Daten-Option deaktivieren** und nur über **WLAN-Netze** online gehen! Andernfalls wird es sehr schnell sehr teuer.

☒ *Freiluftdoppeldecker der Route T1 von HabanaBusTour (s. S. 138)*

Touren

Wer nicht pauschal reist, aber dennoch Wert legt auf eine geführte Tour durch die Stadt, ins Landesinnere (Viñales, Trinidad, Santiago usw.), an die Strände von Cayo Largo, Cayo Coco oder zu stadtnahen Zielen wie dem Nachtclub Tropicana oder dem Hemingway-Museum, kann sich an die meist von Cubatur (Tel. 78354155/60), Havanatur (Tel. 72019776/81) oder Gaviota Tours (Tel. 72094528) betriebenen **Tourismusbüros** in den großen Hotels, an die Infotur-Filiale (s. S. 117) oder an folgende **Veranstalter** wenden:

•**189** [B3] **avenTOURa**, Edificio Bacardí, Oficina 208–209, Monserrate (Avenida de Bélgica) No. 261, Habana Vieja, Tel. 78632800, 78615629, www.aventoura.de, Mo–Fr 9–13 und 14–18, Sa 10–13 Uhr. Stadttouren und Exkursionen mit deutschsprachiger Reiseleitung, Vermittlung von Hotels und Mietwagen, Tauch-, Tanz- und Sprachschulen. Adresse in Deutschland: Rehlingstraße 17, 79100 Freiburg, Tel. 0761 2116990.

042hv Abb.: js

•190 [C3] **San Cristóbal Travel,** O'Reilly No. 102, Ecke Tacón, Habana Vieja, Tel. 78017442, www.viajessancristobal.cu (Website nicht immer aufrufbar), Mo–Fr 9–17, Sa 9–14, So 9–12 Uhr. Eine Spezialität sind Stadttouren mit thematischen Schwerpunkten.

Eine gute Möglichkeit, sich einen Überblick über die Stadt zu verschaffen, bieten die **Buses Turísticos** von HabanaBusTour (s. S. 138).

Uhrzeit

Der Unterschied zur Mitteleuropäischen Zeit (MEZ) bzw. zur Mitteleuropäischen Sommerzeit (MESZ) beträgt minus sechs Stunden (UTC–5).

Unterkunft

Es gibt in und um Havanna grundsätzlich zwei Möglichkeiten unterzukommen: **Touristenhotels** und **Privatzimmer (Casas Particulares).** Letztere sind billiger und meistens auch charmanter.

Touristenhotels

Havanna bietet eine große Zahl von Hotels aller Komfort- und Preisklassen und regelmäßig kommen neue hinzu, zuletzt u. a. das straßenblockgroße **Manzana Kempinski** zwischen Parque Central ⓳ und Calle Obispo ⓾ sowie das **Royalton Paseo del Prado** an der Ecke Prado (Paseo de Martí) ⑳ und Malecón ㉕. Vor allem in Strandressorts kann es sich lohnen, Halbpension (Frühstück und Abendessen) oder all inclusive *(todo incluído)* zu buchen.

Wichtige **Warnung:** Lassen Sie niemals Wertgegenstände auf dem Hotelzimmer zurück, sondern nutzen Sie den **Zimmersafe** (oft Aufpreis) und/oder den Hotelsafe an der Rezeption!

Die wichtigsten kubanischen Hotel-Betreibergesellschaften sind Grupo Cubanacán (große, verhältnismäßig moderne Hotels), Gran Caribe (Hotels in historischen Gebäuden und Ressorts), Horizontes (meist große Hotels), Islazul (preisgünstige Hotels) und Hoteles Habaguanex (Hotels in restaurierten Kolonialpalästen der Altstadt). Kubas Touristenhotels werden oft von (ehemaligen) Armeeangehörigen geleitet, denen Kubas Staatsführung in besonderem Maße vertraut.

Casas Particulares

Wem Hotels zu teuer oder anonym sind, kann sich **bei kubanischen Privatleuten einmieten** und Havanna sozusagen „von innen" kennenlernen (s. S. 132). Die allermeisten Vermieter sind sehr hilfsbereit, geben Tipps für Ausflüge, gute (Privat-)Restaurants, preiswerte Transportmöglichkeiten usw.

Ein Vermieter *(arrendador)* muss eine Lizenz zum Vermieten besitzen. Wenn er an Ausländer vermieten darf, bekommt er einen auffälligen weiß-blauen Aufkleber für die Haus- bzw. Wohnungstür. Für Betriebswirte aus unseren Breiten kurios: Die Berechnungsmethoden für Steuern und Abgaben ändern sich relativ häufig. Casa-Vermieter empfinden dies als wenig fair.

Eine offizielle Casa-Particular erkennt man erstens an dem erwähnten **Aufkleber an der Wohnungstür,** zweitens an der unverzüglichen Eintragung der Gästedaten in das DIN-A4-große „Vermieter-Heft" *(libro del arrendador)* und drittens an der Aushändigung einer Quittung.

Unterkunftsempfehlungen

Die folgende Auflistung empfehlenswerter Unterkünfte ist nach Stadtteilen geordnet und beginnt grundsätzlich mit einer besonders charmanten *Casa Particular*, einer „Privatpension" (s. S. 132):

Habana Vieja

In der historischen Altstadt befinden sich die meisten Sehenswürdigkeiten. Alles ist zu Fuß zu erreichen und die Atmosphäre kommt den gängigen Havanna-Klischees am nächsten. Viele Hotels sind in herrlich restaurierten Gebäuden untergebracht.

› In Habana Vieja betreibt die Familie von Kenia Santos Fernández **drei schöne Casas** mit jeweils vier Zimmern. Jedes Haus hat seine besonderen Vorzüge, doch allen gemein ist die günstige Lage im Norden der Altstadt. Kontakt zu allen drei Casas: Tel. 78636738, Mobil (0)52647686, www.pradocolonial.com. **Die drei Häuser im Einzelnen:**

191 [B2] **Hostal del Ángel** €€€, Cuarteles No. 118 e/Monserrate y Habana. **Erlesenes koloniales Ambiente:** Aus dem zweiten Stock des prächtigen Kolonialhauses genießen Gäste den Blick auf die Kirche Santo Ángel Custodio (3) und die hübsche Plaza davor.

192 [B2] **Hostal Habana 101** €€€, Calle Habana 101 (zweite Etage), Ecke Cuarteles. **Ein Haus für die ganze Familie:** Highlights sind der umlaufende Balkon und die Sonnenterrasse. Die Werkstatt des kubanischen Skulpteurs Carlos Planas befindet sich gleich nebenan, ebenso die kleine, aber feine Trattoria 5 Esquinas.

193 [A2] **Casa Prado Colonial** €€€, Paseo de Martí (Prado) No. 110 e/Refugio y Genios. **Günstig gelegen:** Die Unterkunft ist ebenerdig zugänglich und liegt auf der Grenze zum Stadtteil Centro

Preiskategorien Unterkünfte

Die Preiskategorien sollen lediglich als Anhaltspunkte dienen, da die Unterkunftskosten saisonal bedingt schwanken (DZ pro Nacht).

€	bis 30 €
€€	30–60 €
€€€	60–100 €
€€€€	über 100 €

Wer telefonisch buchen will, denkt an die Landesvorwahl 0053 (siehe auch S. 128). Casa Particular-Vermieter nutzen häufig auch international gängige Messenger-Dienste.

Die charmante Casa Particular Villa Alicia (s. S. 135) in Miramar

043hv Abb.: js

Habana an der beliebten Flaniermeile Prado 20.

194 [C3] **Ambos Mundos**€€€, Calle Obispo No. 153, Ecke Mercaderes, Tel. 78609529/30, www.hotelambos-mundos-cuba.com. **Logieren wie Hemingway:** Hier kann man nicht nur gut übernachten, sondern gegen Gebühr auch das vom Nobelpreisträger in den 1930er-Jahren bewohnte Zimmer 511 besichtigen. Nach einer Fahrt mit dem nostalgischen Scherengitter-Aufzug genießt man den Ausblick vom Dachterrassen-Restaurant auf einen Teil der Altstadt.

195 [B4] **Apartamento Colonial Plaza Cristo**€€, Amargura No. 358 e/Aguacate y Villegas, Tel. (0)53472951 und +34 660078086 (span. Handy). **Originelle Einrichtung in Top-Lage:** Ein Highlight von Leydianas bestens ausgestatteter Casa ist der lange, schmale Balkon mit Blick auf die historisch bedeutsame Straße Amargura. Schicke Café-Bar namens „El Café" direkt neben der Unterkunft.

196 [C3] **Florida**€€€, Calle Obispo No. 252, Ecke Calle Cuba, Tel. 78624127, https://floridalahabanahotel.com-website.com/de. **Konservierte Kolonialzeit:** In den 1830er-Jahren als Residenz eines wohlhabenden Kaufmanns in reinem Kolonialstil errichtet, erstrahlt das dreistöckige Florida heute wieder in alter Pracht. Mit elegantem Hotelcafé im Erdgeschoss.

Was man über Havannas Casas Particulares wissen sollte

Der **Preis für eine Übernachtung** schwankt je nach Saison, Dauer des Aufenthaltes und Verhandlungsgeschick (Frühstück inklusive ist meistens machbar) **zwischen 25 und 40 € pro Zimmer und Nacht.** Für sehr schlichte Unterkünfte dürfte das absolute Minimum im Jahr 2024 bei 15 € liegen, für sehr luxuriöse kann es durchaus auch dreistellig werden. Sonstige Verpflegung kostet extra. Die Casas in Vedado und Miramar sind für gewöhnlich größer und teurer als die in der Altstadt und in Centro Habana.

Die in diesem Buch empfohlenen Privatunterkünfte sind gepflegt und sicher. Warmwasser, Klimaanlage sowie ein Bad mit WC und Dusche/Badewanne sind schon lange Standard. Auch wird man Ihnen in aller Regel den Wunsch nach Mitbenutzung von Kühlschrank und Küche nicht abschlagen.

Dass die jeweiligen Besitzer und ihre Familienangehörigen ohne Ausnahme **freundlich und hilfsbereit** sind, ist zum einen auf die kubanische Gastfreundschaft zurückzuführen und hängt zum anderen damit zusammen, dass die jeweilige Familie im Normalfall ausschließlich oder ganz überwiegend von der Vermietung an Touristen lebt. Viele Gäste reisen mit dem Gefühl ab, in den Vermietern Freunde fürs Leben gefunden zu haben. Wer möchte, kann sich in Kuba von Casa zu Casa weitervermitteln lassen, denn jeder Betreiber einer Privatpension pflegt gute Kontakte zu Vermietern in anderen Landesteilen.

Die **„Kommission"** in Höhe von umgerechnet einigen Euro, die ein Kubaner, der Sie in Havanna zu Ihrer Casa Particular bringt bzw. dorthin (weiter)vermittelt, pro Übernachtungstag erhält, wird – ohne dass Sie es bemerken werden oder verhindern könnten – auf den Übernachtungspreis aufgeschlagen. Dies gilt übrigens auch, wenn der Besitzer einer belegten Casa mit Ihnen drei Häuser weiter zu einer freien Unterkunft spaziert. Also: Ausgewählte Adresse

197 [A3] **Parque Central**€€€€, Neptuno e/Paseo de Martí (Prado) y Agramonte (Zulueta), Tel. 78606627, www.hotelparquecentral-cuba.com/de. **Zentral und gediegen:** Dieses Top-Hotel am gleichnamigen Park lässt hinsichtlich Ausstattung und Serviceangeboten keine Wünsche offen: Businesscenter, Konferenzräume, Fitnessstudio usw. Das hoteleigene Restaurant bekommt hervorragende Kritiken. Swimmingpool mit Bar auf dem Dach.

198 [D3] **Santa Isabel**€€€€, Baratillo No. 9 e/Obispo y Narisco López, Tel. 78608201, www.hotelsantaisabel.com. **Prächtiger Stadtpalast:** Das Hotel beherrscht die Ostseite der Plaza de Armas 8 und hat schon viele prominente Gäste beherbergt. Die großen Zimmer im zweiten Stock bieten Balkonblick über die Plaza.

199 [A3] **Sevilla**€€€, Trocadero No. 55 e/Paseo de Martí (Prado) y Agramonte (Zulueta), Tel. 78608560, www.hotelsevilla-cuba.com. **Wie eine Stadt in der Stadt:** Das 1908 fertiggestellte Großhotel in einer Seitenstraße der Flaniermeile Prado bietet Sauna, Fitnessclub, Mietwagenschalter, ein Geschäft für Kinderbedarf und vieles mehr.

Centro Habana

In diesem an klassischen Sehenswürdigkeiten armen Stadtteil sind vor allem die in der Nähe des Prado 20 und des Malecón 25 gelegenen Unterkünfte interessant.

200 [hl] **Casa Altamar**€€, Malecón No. 659 e/Gervasio y Belascoaín, Tel. 78637156, Mobil (0)52506665. **Aussicht deluxe:** Pedro und Yuya vermieten eine geräumige Unterkunft direkt am Malecón mit fantastischem 180-Grad-Meerblick vom kleinen Balkon. Selbst-

unbedingt ohne hilfsbereite Begleiter ansteuern oder sich an einem telefonisch vereinbarten Treffpunkt vom Vermieter abholen lassen!

Noch ein Wort zum „Kommissions-Unwesen": Ohne Zweifel sind Kubaner ein besonders freundlicher Menschenschlag. Preisbewusste Reisende sollten auf Kuba dennoch an das **ungeschriebene und stets eingehaltene Gesetz der „comisión"** denken. Dieses besagt, dass jede Person, welche ein Geschäft (Casa Particular, Paladar, Privattaxi, Zigarren usw.) zwischen einem Einheimischen und einem Touristen anbahnt, von ersterem einen bestimmten Betrag einfordern darf und auch erhalten wird. Seien Sie diesbezüglich nicht zu blauäugig! Die „hilfsbereiten" jungen Männer, die an den Rändern der Altstadt und anderswo fröhlich und dienstbeflissen um Touristen herumwuseln, würden diese nicht mal mit dem Hintern anschauen, wenn keine Aussicht auf den **schnellen Peso** bestünde.

072hv Abb.: js

Gedeckter Frühstückstisch in der Casa Particular Hostal del Ángel (s. S. 131)

versorger mögen die gut ausgestattete Küchenzeile. Pedro spricht mehrere Sprachen, darunter auch fließend Deutsch. Das originell eingerichtete Restaurant Malecón 663 (Tel. für Reservierungen: 78601159) direkt neben der Unterkunft bietet auch einige Balkon-Plätze.

201 [hl] **Casa Amanecer** €-€€, Perseverancia No. 63 e/San Lazaro y Lagunas, Tel. 78665529, Mobil (0)55923242, fidelroble72@gmail.com. **Oase der Ruhe in turbulenter Gegend:** Die im ersten Stockwerk gelegene Unterkunft verfügt über vier Schlafzimmer sowie Balkon und Terrasse. Vermieter Fidel ist Veteran eines bis 1989 in Äthiopien eingesetzten kubanischen Militärkontingents, stets bester Laune und fährt einen Oldtimer, der etwa so alt ist wie er selbst.

137hv Abb.: js

202 [hl] **Deauville** €€-€€€, Avenida de Italia (Galiano) No. 1, Ecke Malecón, www.hoteldeauvillehabana.com, Tel. 786688-12/13. **Planschen mit Aussicht:** Fast 150 Zimmer mit Balkon in einem Hochhaus (Kritiker bezeichnen es als „Betonklotz") direkt am Malecón. Terrasse im 6. Stock mit Pool und Fernsicht.

203 [A3] **Inglaterra** €€€, Paseo de Martí (Prado) No. 416 e/San Rafael y Neptuno, Tel. 78608594/97, www.hotelinglaterra-cuba.com. **Tradition und Moderne:** Das 1875 errichtete Inglaterra ist auch wegen seiner exponierten Lage neben dem Gran Teatro 23 das bekannteste neoklassizistische Hotel Havannas. Der Außenbereich des Café Louvre befindet sich zu beiden Seiten des Haupteingangs. Dachterrasse mit Bar.

204 [A3] **Telégrafo** €€€€, Paseo de Martí (Prado) No. 408, Ecke Neptuno, Tel. 78610114, www.axelhotels.com/de/telegrafo-axel-hotel-la-habana/hotel.html. **Zielgruppe LGBT+:** Mitte des 19. Jahrhunderts in exponierter Toplage eröffnet, wirbt das in Blau-Weiß gehaltene und sehr gut ausgestattete Hotel heute mit LGBT-Friendliness.

Vedado

Im mondänen Vedado konzentriert sich Havannas Nachtleben. Wer gerne zu Fuß unterwegs ist, kann auch noch von hier aus in die Altstadt schlendern, etwa entlang der Uferpromenade Malecón 25.

205 [fl] **Habana Libre** €€€€, Calle L e/Calles 23 (La Rampa) y 25, Tel. 78346100, www.hotelhabanalibre.com. **Havannas einstiges Hilton:** Der Clou im höchsten Hotel Havannas ist natürlich der Panoramablick. Restaurant und Bar in der obers-

Restaurant im Hotel Inglaterra

ten Etage stehen auch Gästen offen, die nicht im Habana Libre logieren.

26 [fk] **Hotel Nacional de Cuba** €€€€, Calle O, Ecke Calle 21, Tel. 783635-64/67, https://hotelnacionaldecuba.com (s. S. 34). **Weitläufige Außenanlage:** Der palastartige Bau liegt unweit von La Rampa (Calle 23) auf einem Felsen über dem Malecón und umfasst mehr als 400 relativ schlicht ausgestattete Zimmer und Suiten sowie eine Präsidentensuite. Sehenswerte Shows im angeschlossenen Cabaret Parisién (s. S. 68).

206 [fk] **Saint John's** €€, Calle O No. 206 e/Calles 23 y 25, Tel. 78333740. **It's Showtime:** Die nach Westen gelegenen Zimmer der höheren Stockwerke bieten einen herrlichen Ausblick hinüber zum Malecón. Das in der obersten Etage untergebrachte Cabaret Pico Blanco – Rincón del Feeling (s. S. 68) begeistert Einheimische wie Touristen mit kleinen Revues, Comedy etc.

Miramar

Im eleganten Viertel Miramar finden Reisende die Ruhe und Erholung, die sie in Habana Vieja und Centro Habana oftmals vergeblich suchen. Weit entfernt von den meisten Sehenswürdigkeiten und Stätten touristischer Unterhaltung ist man hier auf Transportmittel angewiesen. Einige Hotels und Privatunterkünfte gehören in die Kategorie „Deluxe".

207 Comodoro €€, Avenida 3ra, Ecke Calle 84, Tel. 72045551. **Zweckmäßige Lage:** Direkt am Meer gelegen, wartet das Comodoro u. a. mit zwei großen Pools auf. Über 350 Zimmer im vierstöckigen Hauptgebäude und den angrenzenden Bungalows.

208 Meliá Habana €€€€, Avenida 3ra e/Calles 76 y 80, Tel. 72048500, 72045577, www.meliacuba.com/cuba-hotels/hotel-melia-habana. **Wohlfühlen und genießen:** Die imposante Lobby, das moderne Fitnesscenter, Kubas größter Stadthotel-Pool, viele weitere Annehmlichkeiten und fast 400 Zimmer mit Balkon zeichnen das elfstöckige Edelhotel aus.

209 [bn] **Villa Alicia (Señora Marta Lourdes)** €€, Avenida 33 No. 3407 e/ Calles 34 y 36, Tel. 72038253, Mobil (0)52701020. **Grüne Villenidylle:** Mathematik-Professorin Marta (spricht fließend Deutsch) vermietet zwei kleine Wohnungen mit jeweils separatem Eingang. Das Frühstück wird im gepflegten Garten serviert.

Playas del Este

Für einen Strandurlaub mit gelegentlichen Ausflügen in die City lässt man sich an den Oststränden nieder. In der Hochsaison ist das Örtchen Santa María del Mar am touristischsten. In der Nebensaison, beispielsweise Anfang November, herrscht hier „tote Hose" Nach Guanabo zieht es, wer den Kontakt zu Einheimischen in einem Küstenort sucht.

210 Marazul €€, Avenida de Las Terrazas, Ecke Avenida de las Banderas, Santa María del Mar, Tel. 779713-71/73. **Aktiv und sportlich:** Überwiegend von Pauschalurlaubern gebuchtes, sechstöckiges Hotel in Dunkelblau. Mit zwei Pools, diversen Shops, Tennisplätzen und einer riesigen Lobby. Zum gepflegten Sandstrand „Tropicoco" läuft man nur zwei Minuten.

Verhaltenstipps

Die Gepflogenheiten auf Kuba unterscheiden sich in Vielem stark von dem, was man als Mitteleuropäer gewohnt ist. Wie in allen wirtschaftlich vergleichsweise wenig entwickelten Ländern besteht ein krasser Gegensatz zwischen dem **Lebensstandard** der Bevölkerung und dem von ausländischen Besuchern. Vielleicht denken Sie daran, wenn Sie sich über allzu hartnäckige oder trickreiche Versuche ärgern, an ihr Geld zu kommen. Man sollte sich auch bewusst machen, dass man als ausländischer Tourist wesentlich mehr Rechte hat als das Gros der von Seiten ihres Staates nach wie vor gut überwachten kubanischen Bevölkerung.

Die meisten Kubaner sind ausgesprochen **aufgeschlossene und höfliche Menschen.** Man ist tolerant gegenüber anderen Lebensgewohnheiten, Sitten und Ansichten. Die Toleranz findet allerdings dort ihre Grenze, wo sich der Ausländer abfällig über den kubanischen Entwicklungsweg äußert. **Kritik von außen** verletzt den Stolz vieler Kubaner, auch wenn nicht gerade wenige ihrer derzeitigen Staatsführung skeptisch-distanziert gegenüberstehen. Als ebenso unangenehm wird empfunden, wenn der naseweise Europäer alles mit der eigenen Elle misst. Gute Ratschläge können zwar Gold wert sein, doch auch Kubaner holen sich diese lieber selbst ein. Für Vergleiche à la „wir machen das aber folgendermaßen" hat man kein Verständnis. Kubaner wissen selbst am besten, dass sie in einem in materieller Hinsicht **armen Land** leben, in dem viele nicht viel besitzen, und empfinden es als ausgesprochen unangenehm, von Ausländern darauf hingewiesen zu werden. Natürlich macht der Ton die Musik, und es kommt im Falle eines Falles entscheidend auf die Formulierung und die Vertrautheit der Gesprächspartner an.

Als äußerst zäh und unangenehm können sich Auseinandersetzungen mit dem **bürokratischen Apparat** erweisen. Die erfolgversprechendste Vorgehensweise sind ein nettes Wort und ein Lächeln. Auf Kuba herrscht oft die gleiche „Mañana-Mentalität" (morgen, morgen, nur nicht heute!) wie in anderen lateinamerikanischen Ländern. Aber letztendlich gilt: Keine Panik! Alles Wichtige, was passieren muss, klappt am Ende dann meistens doch wie von selbst.

Bei Vielem, was dem ausländischen Reisenden auf Kuba widerfährt, spielen **materielle Erwägungen** (z. B. die Aussicht auf Trinkgelder) oder der **Wunsch, das Land zu verlassen,** eine erhebliche Rolle.

KURZ & KNAPP

Prostitution

Prostitution ist ganz besonders in Havanna trotz strikten Verbots ein unübersehbares Phänomen: *Las necesidades obligan* – die Bedürfnisse zwingen, wie es auf Kubanisch heißt. Die Grenze zwischen berufsmäßigem Anschaffen, „Escort"-Diensten und einer lockeren Affäre mit einem Ausländer ist dabei oft schwer zu ziehen, vor allem wenn nicht (nur) Bargeld, sondern Sachgüter den Besitzer wechseln. Ein im großen Stil organisiertes Bordellwesen mit mafiösen Strukturen ist auf Kuba seit der Revolution unbekannt.

Gegen Straßenprostitution geht die Polizei mit verschiedenen Maßnahmen vor: Verdächtige Damen müssen häufige Personenkontrollen und Befragungen über sich ergehen lassen. Glauben die Beamten, eine professionelle *jinetera* (wörtlich: Reiterin) überführt zu haben, drohen ihr kostenpflichtige Verwarnungen, Umerziehungslager und Gefängnis.

Bicitaxis fahren auch bei schlechtem Wetter

Verkehrsmittel

Viele der Vehikel auf Havannas Straßen sind Marke Eigenbau. Trotz Ersatzteilmangel und im Verhältnis zum Durchschnittseinkommen hohen Treibstoffpreisen ist der Verkehr tagsüber oft sehr dicht. Die **Verkehrsregeln** sind denen im deutschsprachigen Raum im Großen und Ganzen vergleichbar. Fußgängerunterführungen fehlen und man sollte sich nie darauf verlassen, dass der motorisierte Verkehr Fußgängern an Zebrastreifen den Vortritt lässt. Da es weder U- noch S-Bahn noch Tram gibt, ist man auf folgende Transportmittel angewiesen:

Bicitaxis

Diese dreirädrigen, oft fantasievoll dekorierten **Fahrrad-Rikschas** sind stets mit einem Dach und manchmal auch mit einer von einer Autobatterie gespeisten Soundanlage ausgestattet. Sie eignen sich vor allem für kurze Strecken. Der Fahrpreis ist Verhandlungssache, wird für Ausländer aber nur selten unter umgerechnet 1,50 € pro Kilometer liegen.

Cocotaxis

Die **knallgelben motorisierten Dreiräder** sind im Straßenbild nicht zu übersehen. Sie bieten mindestens zwei Passagieren luftige, aber überdachte Sitzplätze. Wie auch die Bicitaxis werden sie von *cuentapropistas* genannten selbstständigen Kleinunternehmern gelenkt. Den Preis vereinbart man, wie auch bei Taxis ohne Taxameter und bei Bicitaxis, stets *vor* Fahrtantritt. Es gibt feste Stellplätze, z. B. vor den großen Hotels, aber natürlich können vorbeifahrende Cocotaxis auch von der Bordsteinkante aus herangewunken werden. **Tipp:** Lassen Sie sich den Malecón (25) entlangchauffieren, z. B. zwischen der Calle 23 (La Rampa) beim Hotel Nacional (26) und der Plaza de Armas (8) in Habana Vieja (Preis: 5 € aufwärts).

Kutschen

Für eine halbstündige Fahrt mit einer der unter anderem an der Plaza de Armas (8) in Habana Vieja und am oberen Ende des Paseo de Martí (Prado) bereitstehenden Pferdekutschen *(coche)* zahlt man ab ca. 10 €.

Ómnibuses Metropolitanos (OM)

Guaguas nennen *Habaneros* die regulären **weiß-blauen Stadt-Omnibusse** *(ómnibuses metropolitanos)*. Den aus Perspektive von Devisenbesitzern (Euro, US-Dollar etc.) äußerst günstigen Fahrpreis sammelt meist eine den Busfahrer begleitende Per-

138hv Abb.: js

son beim Einsteigen oder während der Fahrt ein.

Zu den Hauptverkehrszeiten bilden sich an den Haltestellen lange Warteschlangen. Eingestiegen wird immer vorne. Da trotz des recht weitläufigen Nahverkehrsnetzes keine regulären Busfahrpläne ausgehängt werden, ist für Havanna-Neulinge „Durchfragen" angesagt. Da der Linienbus - so er denn kommt - oft nicht alle wartenden Passagiere aufnehmen kann, ist gelegentlich mit erheblichen Wartezeiten zu rechnen.

Die für Touristen **interessanteste Stadtbuslinie** mit Endhaltestellen in Habana Vieja ist die **No. 400:** Guanabo (Playas del Este) - Avenida de Bélgica (Monserrate), Ecke Dragones. Sie verkehrt im 30-Minuten-Takt und stellt die mit weitem Abstand kostengünstigste Möglichkeit dar, um an die Playas del Este 43 zu kommen.

Metrobusse

Die kostengünstigen Metrobuslinien sind für den Pendelverkehr unentbehrlich. Metrobusse sind größer als Ómnibuses Metropolitanos und verbinden Havannas Zentren auch mit entfernteren Vororten. An den Haltestellen *(paradas)* können oft nur so viele Personen zusteigen wie aussteigen. Gezahlt wird beim Einsteigen.

Mehrere Linien haben ihre Endhaltestelle am Parque de la Fraternidad 22. Die ersten, umgangssprachlich übrigens manchmal „Kamele" *(camellos)* genannten, Metrobusse starten um 4 Uhr morgens, letzte Abfahrt ist um 22 bzw. 23 Uhr. Im Metrobus achtet man besonders gut auf seine Wertsachen. Wie etwa auch beim Besuch von Großveranstaltungen deponieren viele ÖPNV-Nutzer ihr Bargeld vor Fahrtantritt in den Schuhen! Weniger voll und manchmal sogar klimatisiert sind die etwas kleineren **Transmetro-Busse,** die auf wichtigeren Metrobus-Routen unterwegs sind. **Tipp:** Bei Infotur (s. S. 117) liegt manchmal ein Streckennetz-Faltplan zur Mitnahme aus: „Por La Habana en P" bildet die Routen der 17 Buslinien von PC bis P16 ab.

Buses Turísticos (HabanaBusTour)

Von europäischen Metropolen abgeschaut hat man sich die Etablierung von in Rot (und etwas Blau) gehaltenen **Touristenbussen,** die seit 2008 nach dem **Hop-on-Hop-off-Prinzip** auf festen Routen unterwegs sind. Man erwirbt ein Tagesticket für 10 (Linie T1) bzw. 5 US-Dollar (Linie T3) und steigt zwischen 9 und maximal 18 Uhr einen Tag lang so oft ein und aus, wie

047hv Abb.: js

Knallgelbe Cocotaxis (s. S. 137) knattern durch die Altstadt

054hv Abb.: js

man möchte. **Achtung:** Tickets können derzeit (Anfang 2024) offiziell nicht gegen Barzahlung (1200 bzw. 600 CUP) erworben werden, sondern nur per (Kredit-)Kartenzahlung beim Einsteigen, über die App „EnZona" oder die Website www.rentcarcuba.com/es/pages/ver/bustour und bei einigen Reise- und Mietwagenbüros.

Die **Route T1** verbindet die Altstadt über den Parque Central 19 und die Plaza de la Revolución 30 mit Vedado und **T3** verkehrt zwischen dem Parque Central und den Strandgebieten der Playas del Este 43 via Parque Histórico Militar Morro-Cabaña 36. **T2** verband Miramar, die Plaza de la Revolución und Vedado, pausiert aber seit Jahren. Die Linien T1 und T3 berühren sich an der Westseite des Parque Central bei der Haltestelle gegenüber dem Eingang des Hotel Inglaterra (s. S. 134).

Taxis

Bei längeren Strecken kann es sich lohnen, den Preis vorher auszuhandeln. Bei Kurzstrecken (unter 10 km) unbedingt darauf achten, dass das **Taxameter** *(taxímetro)* bei Antritt der Fahrt eingeschaltet wird, da es andernfalls am Zielort zu unangenehmen Preisverhandlungen kommen kann. Preisbeispiel: Vedado – Altstadt ab 6 €.

Das kubanische Äquivalent zur weltweit populären Uber-App heißt **„LaNave"** und wird reichlich genutzt.

Particulares (Privat-Taxis)

Taxis particulares oder einfach nur *particulares* nennt man die von Selbstständigen gesteuerten Privat-Taxis – wobei es sich häufig um Ladas, Moskwitschs oder amerikanische Oldtimer aus den 1950er-Jahren (s. S. 33) in abenteuerlichem Zustand handelt. Lizenzierte *particulares* schrauben sich während der Dienstzeit gerne einen „TAXI"-Aufsatz aufs Dach. **Tipp:** Lieblings-Oldtimer-Taxi bei der Plaza de San Francisco 12, vor dem Capitolio 21, am Parque de la Fraternidad 22 oder vor dem Hotel Parque Central (s. S. 133) mitsamt Chauffeur für mehrere Stunden zu einem vor Fahrtantritt vereinbarten Preis anmieten und sich entspannt zu Sehenswürdigkeiten in den Vororten schaukeln lassen.

Havannas Stadt-Omnibusse sind äußerst preisgünstig (s. S. 137)

Sammeltaxis

Sammeltaxis werden *colectivos* oder auch *máquinas (particulares)* bzw. *almendrones* genannt. Oft handelt es sich um **riesige Amischlitten** aus vorrevolutionärer Zeit mit einem Austauschmotor sowjetischer oder japanischer Produktion. Sie befahren grundsätzlich feste Routen, passieren gerne Bushaltestellen und halten auf Zuruf. Der reguläre Preis für eine Fahrt von einem Stadtteil in den nächsten liegt bei umgerechnet ca. 1 €. Als Ausländer muss man darauf gefasst sein, einen erhöhten Fahrpreis in Rechnung gestellt zu bekommen – das gilt v. a. für den Zustieg beim Parque de la Fraternidad 22, wo viele Sammeltaxis starten. Häufig kassiert ein mitfahrender Gehilfe des Chauffeurs.

Kubanische Nummernschilder

Auto-Nummernschilder beginnen mit einem Buchstaben, dem fünf oder sechs Ziffern folgen. Linksseitig steht senkrecht CUBA auf weißem Untergrund. Der Buchstabe gibt Aufschluss über die Nutzung:

- **P** Particular (privat)
- **B** Staatsdienst
- **T** Mietwagen
- **M** MinInt (Innenministerium)
- **F** FAR (Militär)

Mietwagen

Sich vor Ort um einen Mietwagen zu kümmern, beispielsweise an einer Vermietstation in einem Touristenhotel oder über den wohl bekanntesten Anbieter Transtur (www.transtur.com), ist in aller Regel (deutlich) teurer als eine Buchung von zu Hause aus.

Die meisten Anbieter verlangen als **Kaution** die Blockierung einer gewissen Summe auf der Kreditkarte oder einen dreistelligen Euro-Betrag in bar. Es gibt eine ganze Reihe von Mietwagengesellschaften. Die meisten haben auch Geschäftsstellen in großen Hotels und in der Nähe der internationalen Flughäfen. Vom Kleinstwagen (Kia Picanto, Hyundai i10 usw.) über Mittelklassemodelle und Cabrios bis

075hv Abb.: js

hin zu Luxuskarossen und Kleinbussen wird alles geboten. Die (obligatorische) Vollkaskoversicherung kostet unter Umständen extra. Der Zustand des Fahrzeugs, der Bordwerkzeuge, das Vorhandensein des Tankdeckels, des Zigarettenanzünders usw. sollten vor der Übernahme akkurat geprüft und eventuelle Schäden/Mängel fotografiert, reklamiert und in das Übergabeprotokoll aufgenommen werden.

Fahrradverleih

Wer in einer Casa Particular (s. S. 132) logiert, darf sich in aller Regel darauf verlassen, dass die Vermieter gerne bei der Vermittlung eines Leihrades behilflich sind und manchmal sogar selbst eines zur Verfügung stellen können.

Hier ein Beispiel für einen kleinen hauptgewerblichen Fahrradverleiher unweit des Prado (Paseo de Martí) 20:

- **211** [A2] **Havana Bikes,** Consulado No. 61, e/Genios y Refugio, Tel. 78676782, Mobil (0)53912608, www.havanabikes.com, geöffnet: tägl. 8–18 Uhr. Mountainbikes für Havannas Großstadtdschungel. Preis nach Zeit gestaffelt.

Landesweite Buslinie Víazul

Víazul-Überlandbusse, die alle größeren Städte Kubas miteinander verbinden, verkehren vom in der Nähe der Plaza de la Revolución 30 gelegenen **Terminal de Ómnibuses Nacionales/Interprovinciales.**

Kontaktdaten und weitere wichtige Hinweise s. S. 108.

Oldtimer in der Altstadt

Züge

Wer auf Kuba mit dem Zug fährt, sollte viel Optimismus mitbringen und sein Gepäck nie aus den Augen lassen! Die Preise sind sehr moderat, obwohl Ausländer oft mehr für ein Ticket zahlen als Kubaner. Mit Verzögerungen und Zugausfällen ist stets zu rechnen. In Havanna gibt es vier Bahnhöfe, die meisten Züge starten vom **Hauptbahnhof** (Estación Central de Ferrocarriles 17). Der elektrifizierte Hershey Train Richtung Matanzas startet von der **Estación Casablanca** auf der anderen Seite des Hafenbeckens, fährt aber anders als in früheren Jahren nicht mehr ganz bis Matanzas.

Versicherungen

Unverzichtbar ist eine **private Auslandskrankenversicherung,** die im Falle eines Falles auch die Kosten eines Rücktransportes abdeckt, da die Kosten für eine Behandlung in Kuba von den gesetzlichen Krankenversicherungen in Deutschland und Österreich nicht übernommen werden. Diese Versicherungen sind z. B. in Deutschland ab ca. 10 € (Jahresversicherung) durchaus bezahlbar. **Schweizer** sollten bei ihrer Krankenversicherungsgesellschaft nachfragen, ob eine Auslandsdeckung für Kuba inbegriffen ist. Falls nicht, kann man sich kostenlos bei Soliswiss (www.soliswiss.ch) informieren.

Zur Erstattung der Kosten benötigt man **ausführliche Quittungen** (unbedingt mit Datum, Diagnose, Namen der Ärzte und des oder der Behandelten, Bericht über Art, Umfang sowie Kosten der Behandlung und der verordneten Medikamente).

Bei weiteren Versicherungen, etwa einer Reiserücktritts-, Reisegepäck-, Reisehaftpflicht- oder Reiseunfallversicherung, sind besonders die Ausschlussklauseln zu beachten und individuell abzuklären.

Wetter und Reisezeit

In Kuba herrscht **randtropisch-feuchtheißes Seeklima** mit einer Durchschnittstemperatur zwischen 21 °Celsius (Februar) und 33 °Celsius (August) tagsüber und einer durchschnittlichen jährlichen Niederschlagsmenge von 1600 mm.

Die Monate **Mai bis Oktober** sind stets sommerlich warm, wobei es im Südosten der Insel meistens noch ein paar Grad heißer ist als im Westteil. In diese Zeit fallen auch die heftigsten, meist eher kurzen Niederschläge. Die durchschnittliche Luftfeuchte von 80–90 Prozent ist am besten an den vom Seewind gekühlten Stränden der Nordküste zu ertragen.

Von **Ende August bis einschließlich November** ist in der Karibik **Hurrikan-Saison:** Von starkem Niederschlag begleitete Tiefdruckwirbel *(ciclón/huracán)* erreichen dann auch Kuba. Aktuelle Berichte und Vorhersagen unter www.nhc.noaa.gov. Die Sachschäden, die ein über Kuba hereinbrechender Hurrikan anrichtet, sind stets enorm. Menschen kommen dank des vorbildlichen Frühwarnsystems verhältnismäßig selten zu Schaden.

Von **November bis April** herrscht kühleres und trockeneres Klima als in den Sommermonaten. Vor allem an der Nordwestküste, einschließlich Havanna und Varadero, kann die Temperatur dann aufgrund der gefürchteten winterlichen Nordwinde *(nortes)* nachts auch unter unter 15 °Celsius fallen.

Für einen Kuba-Trip besonders empfehlenswert sind die Monate Oktober, November und Februar bis April (mit Ausnahme der Wochen um Ostern), da diese in die Nebensaison fallen (günstigere Preise, kürzere Wartezeiten usw.), verhältnismäßig niederschlagsarm sind und man sich elegant den europäischen Sommer bzw. Frühling „verlängert".

Das subtropische Klima erlaubt es, Kuba das ganze Jahr über in **Sommerkleidung** zu genießen, zumindest tagsüber. Für die Abendstunden, den Aufenthalt in Gebäuden und Transportmitteln mit Klimaanlage und an manchen Tagen im Dezember, Januar und Februar sollte man einen Pulli und lange Hosen dabeihaben.

Durchschnitt	Wetter in Havanna und Varadero											
Maximale Temperatur	26°	26°	28°	29°	30°	31°	31°	32°	31°	29°	28°	27°
Minimale Temperatur	19°	19°	20°	21°	22°	23°	24°	24°	24°	23°	21°	20°
Regentage	5	5	3	3	6	10	7	9	10	11	6	5
Wassertemperatur	25°	24°	24°	26°	27°	27°	28°	28°	28°	28°	27°	27°
	Jan	Febr	März	Apr	Mai	Juni	Juli	Aug	Sept	Okt	Nov	Dez

ANHANG

005hv Abb.: js

Kleine Sprachhilfe Spanisch

Allgemeine Redewendungen

Begrüßen und Verabschieden

Hallo.	*Hola.*
Guten Morgen.	*Buenos días.*
Guten Tag.	*Buenas tardes. (ab 12 Uhr)*
Guten Abend./Gute Nacht.	*Buenas noches.*
Wie geht es Ihnen?	*¿Cómo está usted?*
Wie gehts?	*¿Qué tal?*
Danke, sehr gut.	*Muy bien, gracias.*
Auf Wiedersehen.	*Hasta la vista.*
Bis bald/morgen.	*Hasta luego/mañana.*
Gute Reise.	*Buen viaje.*

Weitere wichtige Wendungen

Geben Sie mir bitte ...	*Déme por favor ...*
Ich möchte/wünsche ...	*Quiero/Deseo ...*
Danke. – Bitte.	*Gracias. – De nada.*
Entschuldigung.	*Perdón.*
Es tut mir sehr leid.	*Lo siento mucho.*
Das macht nichts.	*No pasa nada.*

Verständigung

Sprechen Sie Deutsch/Englisch?	*¿Habla usted alemán/inglés?*
Ich spreche kein Spanisch.	*No hablo español/castellano.*
Ich verstehe Sie nicht.	*No le entiendo.*
Sprechen Sie bitte etwas langsamer.	*Por favor, hable un poco más despacio.*
Wie heißt das?	*¿Cómo se llama esto?*

Smalltalk

Wie ist Ihr Name?	*¿Cómo se llama usted?*
Wie heißt du?	*¿Cómo te llamas?*
Ich heiße ...	*Me llamo ...*
Sehr angenehm.	*Encantado./Encantada./Mucho gusto.*
Ich freue mich, Sie kennenzulernen.	*Encantado/a de conocerle.*
Möchten Sie etwas trinken?	*¿Quiere tomar algo?*
Woher kommst du?	*¿De dónde eres?*
Ich komme aus ...	*Soy de ...*
... Deutschland.	*... Alemania.*
... Österreich.	*... Austria.*
... der Schweiz.	*... Suiza.*

Unterwegs

Wie kommt man nach ...?	*¿Cómo se va a ...?*
Ist es weit?	*¿Está lejos?*
Wo ist/befindet sich ...?	*¿Dónde está/queda ...?*

+++ Die wichtigsten Wörter mit dem Bonus-Audiotrack des Kauderwelsch-

Abfahrt	*salida*
Ankunft	*llegada*
Fahrkarte	*tarjeta/boleto*
hin und zurück	*ida y vuelta*
Reservierung	*reservación*
Auto	*carro*
Motorrad	*moto*
Bus	*guagua*
Zug	*tren*
Flugzeug	*avión*

Zahlen

1	*uno*
2	*dos*
3	*tres*
4	*cuatro*
5	*cinco*
6	*seis*
7	*siete*
8	*ocho*
9	*nueve*
10	*diez*

Zeitangaben und Wochentage

Wie viel Uhr ist es?	*¿Qué hora es?*
Es ist ein Uhr.	*Es la una.*
Es ist 9 Uhr.	*Son las nueve de la mañana.*
Es ist 18 Uhr.	*Son las seis de la tarde.*
Mittag	*mediodía*
Mitternacht	*medianoche*
heute	*hoy*
morgen	*mañana*
gestern	*ayer*
Wochenende	*fin de semana*
Montag	*lunes*
Dienstag	*martes*
Mittwoch	*miércoles*
Donnerstag	*jueves*
Freitag	*viernes*
Samstag	*sábado*
Sonntag	*domingo*

Notfälle

Hilfe!	*¡Ayuda!*
Ich hatte einen Unfall.	*Tuve un accidente.*
Ich brauche einen Arzt/Zahnarzt/ Krankenwagen.	*Necesito un médico/un dentista/ una ambulancia.*
Rufen Sie bitte die Polizei.	*Por favor, llame (a) la policía.*
Ich bin beklaut worden.	*Me han robado.*

Kulinarischer Sprachführer

Im Restaurant

Die Speisekarte bitte.
La carta por favor.
Die Rechnung bitte.
La cuenta por favor.
Kann ich mit Kreditkarte zahlen?
¿Puedo pagar con tarjeta de crédito?

Basics

almuerzo, comida	Mittagessen
desayuno	Frühstück
cena	Abendessen
comida vegetariana	vegetarisches Essen
entrantes	Vorspeise
guarnición	Beilage

para llevar	zum Mitnehmen
postre	Nachtisch
a la plancha	vom Grill
asado	gebraten
frito	frittiert
azúcar	Zucker
pimienta	Pfeffer
sal	Salz

Snacks

bocadito	kleines Sandwich
huevo revuelto	Rührei
huevos fritos	Spiegeleier
jamón	Schinken
maní	Erdnuss/Erdnüsse
queso	Käse
pan con lechón	Brot mit Fleisch vom Spanferkel
pan tostado	Toast
perro caliente	Hotdog
plátanos fritos	frittierte Bananen
tortilla	Omelette

Süßes

arroz con leche	süßer Milchreis
dulce de guayaba	Guavenmarmelade
flan	Eierpudding
helado	Eiscreme
natilla	Vanillepudding

Aus dem Menü

ajiaco	Eintopf aus Hack und Gemüse
arroz blanco	weißer Reis
arroz congrí	weißer Reis mit roten Bohnen
bistec	Steak
boniato	Süßkartoffel
caldo de pollo	Hühnersuppe
camarones	Krabben/ Shrimps
carne	Fleisch
... de cerdo	... vom Schwein
... de cordero	... vom Lamm
... de vaca	... vom Rind
concha	Muschel
ensalada	Salat
frijoles negros	schwarze Bohnen
fufu	Brei aus Kochbananen
langosta	Languste
lechuga	grüner Blattsalat
malanga	kartoffelartige Knolle
mariscos	Meeresfrüchte
merluza	Seehecht
moros y cristianos (Mauren & Christen)	weißer Reis mit schwarzen Bohnen
pescado	Fisch
papas fritas	Fritten
picadillo	Hackfleisch
pollo	Hühnchen
puré de papas	Kartoffelbrei
sopa de chícharo	Kichererbsen-suppe

Früchte und Gemüse

aguacate	Avocado
col	Weißkohl
fresa	Erdbeere
fruta bomba	Papaya
frutas	Früchte
pepino	Gurke
piña	Ananas
verduras	Gemüse
zanahoria	Möhre

Getränke

agua (mineral)	(Mineral)Wasser
... con gas	... mit Kohlensäure
... sin gas	... ohne Kohlensäure
batido	kühles Milchmixgetränk
café cubano	schwarzer, gezuckerter Espresso
café con leche	sehr heller Milchkaffee
cerveza	Bier
cubito de hielo	Eiswürfel
jugo de naranja	Orangensaft
leche	Milch
refresco	Limonade
ron	Rum
té	Tee
vino blanco	Weißwein
vino tinto	Rotwein

Register

Impressum

Jens Sobisch

CityTrip Havanna und Varadero

5., neu bearbeitete und aktualisierte Auflage 2024

ISBN 978-3-8317-3873-1

Printed in Germany

Druck und Bindung: mediaprint solutions GmbH, Paderborn

Herausgeber: Klaus Werner
Layout: amundo media GmbH (Umschlag, Inhalt), Peter Rump (Umschlag)
Lektorat: amundo media GmbH
Karten: Ingenieurbüro K. Wendler, amundo media GmbH
Anzeigenvertrieb: KV Kommunalverlag GmbH & Co. KG, Alte Landstraße 23, 85521 Ottobrunn, Tel. 089 928096-0, info@kommunal-verlag.de
Kontakt: Osnabrücker Str. 79, 33649 Bielefeld, info@reise-know-how.de

---

Bildnachweis

Umschlagvorderseite: ©mabofoto@icloud.com, stock.adobe.com | Umschlagrückseite und Umschlagklappe rechts: Jens Sobisch | S. 5: Abb.: ©RoBe, stock.adobe.com
Soweit ihre Namen nicht vollständig am Bild vermerkt sind, stehen die Kürzel an den Abbildungen für die folgenden Fotografen, Firmen und Einrichtungen. Jens Sobisch: js | Oliver Meusel: om

Zugspitze, Foto: Aneta Niemitz

Reisen mit Know-How

Besonderheiten bei Adressangaben

Adressen werden auf Kuba anders angegeben als im deutschsprachigen Raum: **Calle 6 # 659 e/22 y 24** bedeutet ebenso wie **(C.) 6 No. 659 entre (Calles) 22 y 24** „Straße 6 Nr. 659 zwischen den Straßen 22 und 24“. Die Information „zwischen den Straßen *(calles)* 22 und 24“ bezeichnet den Block, in dem das gesuchte Gebäude liegt. Steht es an einer Ecke, gibt man die entsprechende Querstraße an, z. B. **Honorato del Castillo # 1 esq. (a) José Martí,** was bedeutet: Straße Honorato del Castillo Nr. 1 an der Ecke *(esquina)* zur José-Martí-Straße. „Av.“ ist die Abkürzung von *Avenida* (dt.: Allee), *Carretera* (Crtra) bedeutet Landstraße und *Callejón* Gässchen. Bei großen Gebäuden folgt manchmal noch eine Apartmentnummer. *Altos* bedeutet 1. Stock, *bajos* Erdgeschoss, *piso* Stockwerk, *cuadra* Block und *barrio* Stadtteil.

Straßenschilder in der Altstadt sind in der Regel an den Gebäuden, vor denen sich zwei Straßen schneiden, angebracht. In den anderen Stadtteilen stehen die Straßennamen auf an Kreuzungen eingelassenen, pyramidenförmig zulaufenden „Ecksteinen“. **Achtung:** Bei manchen Straßen sind noch alte Namen in Gebrauch.

Alte und neue Straßennamen

Viele Straßen Havannas haben **zwei Namen:** einen postrevolutionären, der in den meisten offiziellen Stadtplänen steht und oft an Personen und Ereignisse der kubanischen Unabhängigkeitsbewegungen erinnert, und einen zweiten, der noch aus der Kolonialzeit stammt und bis 1959 der einzig gültige war. Alte Namen werden von den Einheimischen in der Regel bevorzugt. Es kann durchaus vorkommen, dass selbst erfahrenen Taxifahrern nicht sofort einfällt, dass die vielbefahrenen Avenidas Reina und Carlos III (gesprochen: Carlos Tercero) seit über 50 Jahren offiziell ganz andere Bezeichnungen tragen.

Bei Adressen in diesem Buch wird grundsätzlich der neue Name verwendet und die alte Bezeichnung in Klammern aufgeführt, sofern sie auch heute noch sehr gebräuchlich ist. Wenn sich der offizielle „neue“ Name überhaupt nicht durchgesetzt hat, wird der „alte“ Name verwendet.

Hier eine nützliche, nicht abschließende Liste doppelter Straßenbezeichnungen (neuer Name – alter Name):

- Agramonte – Zulueta
- Avenida Antonio Maceo – Malecón
- Avenida de Bélgica – Egido/Monserrate
- Avenida Camilo Cienfuegos – Dolores
- Avenida Carlos Manuel de Céspedes – Avenida del Puerto
- Avenida de España – Vives
- Avenida de la Independencia – Avenida Rancho Boyeros
- Avenida de Italia – Galiano
- Avenida de las Misiones – Monserrate
- Av. Salvádor Allende – Carlos III (Tercero)
- Avenida Simón Bolívar – Reina
- Brasil – Teniente Rey
- Calle 23 – La Rampa
- Calle G – Avenida de los Presidentes
- Capdevila – Carcel
- Enrique Barnet – Estrella
- Leonor Pérez – Paula
- Máximo Gómez – Monte
- Padre Varela – Belascoaín
- Paseo de Martí – (Paseo del) Prado
- Progreso – San Juan de Dios
- Vía Blanca – Marina

Liste der Karteneinträge

Hier nicht aufgeführte Nummern liegen außerhalb der abgebildeten Karten. Ihre Lage kann aber wie die von allen Ortsmarken im Buch mithilfe der Web-App angezeigt werden (s. S. 156).

Zeichenerklärung

12	Hauptsehenswürdigkeit
[L6]	Verweis auf Planquadrat im City-Faltplan
	Arzt, Apotheke, Krankenhaus
	Bar, Bistro, Treffpunkt
	Café
	Casa Particular (Privatunterkunft)
	Denkmal
	Friedhof
	Galerie
	Geschäft, Kaufhaus, Markt
	Golfplatz
	Hafen, Anlegestelle
	Hotel, Unterkunft
	Imbiss
	Informationsstelle
@	Internetservice
	Kino
	Kirche
	Museum
	Musikszene, Disco, Tanz, Club
	Polizei
	Post
	Restaurant
★	Sehenswürdigkeit
●	Sonstiges
	Theater
	Stadtspaziergang (s. S. 8)
	Shoppingareal
	Gastro- und Nightlife-Areal

Havanna mit PC, Smartphone & Co.

QR-Code auf dem Umschlag scannen oder **www.reise-know-how.de/citytrip/havanna24** eingeben und die **kostenlose Web-App** aufrufen (Internetverbindung zur Nutzung nötig)!

★**Anzeige der Lage und Satellitenansicht aller** beschriebenen Sehenswürdigkeiten und weiteren Orte
★**Routenführung** vom aktuellen Standort zum gewünschten Ziel
★**Exakter Verlauf** des empfohlenen Stadtspaziergangs
★**Audiotrainer** der wichtigsten Wörter und Redewendungen
★**Updates** nach Redaktionsschluss

GPS-Daten zum Download

Die GPS-Daten aller Ortsmarken und des Spaziergangs stehen auf der Produktseite des Titels auf www.reise-know-how.de zum Download zur Verfügung.

Stadtplan für mobile Geräte

Um den Stadtplan auf Smartphones und Tablets zu nutzen, empfehlen wir die App „Avenza Maps" der Firma Avenza™. Über die Funktion „Store" kann die „Citymap Havana 2024" kostenlos geladen werden.

Die Information über und die Bereitstellung von digitalen Zusatzinhalten (z. B. Web-App, Links, GPS-Tracks o. Ä.) ist eine freiwillige Zusatzleistung des Verlages, auf die kein Anspruch besteht und für deren Richtigkeit aufgrund der Veränderlichkeit solcher Informationen auch nicht gehaftet werden kann. Insbesondere behält sich der Verlag deshalb vor, die Bereitstellung und die Zugriffsmöglichkeit zeitlich zu befristen und den Zugriff hierauf auch vorfristig abzuschalten.